本研究为教育部哲学社会科学研究重大课题攻关项目
"新形势下促进民营经济健康发展重大问题研究"（20JZD014）的
资助项目

浙江上市公司
内部控制指数研究

评价、分析与对策

陈俊 董望◎著

RESEARCH ON INTERNAL CONTROL INDEX
OF LISTED COMPANIES IN ZHEJIANG PROVINCE:

EVALUATION, ANALYSIS AND COUNTERMEASURES

ZHEJIANG UNIVERSITY PRESS
浙江大学出版社

·杭州·

图书在版编目（CIP）数据

浙江上市公司内部控制指数研究：评价、分析与对策 / 陈俊，董望著.—杭州：浙江大学出版社，2022.12
　　ISBN 978-7-308-23470-2

　　Ⅰ.①浙… Ⅱ.①陈… ②董… Ⅲ.①上市公司—企业内部管理—研究—杭州 Ⅳ.①F279.246

　　中国国家版本馆CIP数据核字（2023）第006215号

浙江上市公司内部控制指数研究：评价、分析与对策
陈 俊 董 望 著

策划编辑	吴伟伟
责任编辑	陈逸行
责任校对	马一萍
封面设计	雷建军
出版发行	浙江大学出版社
	（杭州天目山路148号　邮政编码：310007）
	（网址：http://www.zjupress.com）
排　　版	浙江时代出版服务有限公司
印　　刷	杭州宏雅印刷有限公司
开　　本	710mm×1000mm　1/16
印　　张	12
字　　数	180千
版 印 次	2022年12月第1版　2022年12月第1次印刷
书　　号	ISBN 978-7-308-23470-2
定　　价	88.00元

前 言

习近平总书记于 2015 年在浙江调研时说，"浙江的今天就是中国的明天"。2020 年，习近平总书记在浙江考察时，殷切希望浙江努力成为新时代全面展示中国特色社会主义制度优越性的重要窗口。[①] 浙江省始终以习近平总书记的期望为鞭策，在"八八战略"的指引下，坚持以经济建设为中心，秉持"干在实处、走在前列、勇立潮头"的浙江精神，积极推进高质量发展，努力打造"重要窗口"。浙江省素来是全国经济发展的排头兵，在社会主义经济建设新时期，浙江省也被赋予了全新的责任，要更重视经济发展从量向质的转型，确保经济可持续、高质量发展，在我国经济发展中发挥先行和示范作用。

《浙江省国民经济和社会发展第十三个五年规划纲要》提出了浙江省"十三五"期间的经济社会发展指导思想，"坚持发展第一要务，坚持转型升级不动摇，紧扣提高经济发展质量和效益这一中心，加快形成引领经济发展新常态的体制机制和发展方式"。企业高质量发展是经济高质量发展的压舱石。富有竞争力的企业是高质量发展的微观基础。

浙江在经济发展中高度关注微观企业的发展，全面推进市场主体持续升级，深入实施"凤凰行动""雄鹰行动""雏鹰行动"三大行动，并积极推动省内上市公司的培育和发展。2017 年 9 月，浙江省政府印发了《浙江省推进企业上市和并购重组"凤凰行动"计划》，提出将实施企业股改培育工程、上市公司倍增计划和并购重组行动，积极发挥上市公司产业引领作用，深化服务平台建设。浙

---

① 宁波市社科院课题组. 深刻理解和全面把握"重要窗口"的内涵特征 [N]. 宁波日报，2020-06-11（8）.

江企业通过与资本市场的对接实现越来越高质量的发展，为浙江经济发展再添新的动力。截至 2021 年底，浙江省 A 股上市公司数量已突破 600 家，成效显著。

在浙江省大力推动高质量发展、培育上市公司，以及促进企业持续健康发展的过程中，内部控制建设的重要价值更为突出，加强公司内部控制和风险管理、促进公司高质量发展已成为重点工作。我国高度重视内部控制，并持续推动内部控制发展，2008 年发布《企业内部控制基本规范》，2010 年发布内部控制配套指引，完整地构建了我国的内部控制体系。近年来，我国陆续发布《关于进一步提高上市公司质量的意见》《关于进一步提升上市公司财务报告内部控制有效性的通知》，进一步强调内部控制在提升公司质量方面的重要意义。良好的内部控制是实现浙江省资本市场战略发展的重要基础。

"十三五"期间，在新冠疫情、国际贸易局势紧张、产业转型升级等环境背景下，企业内外部面临的风险因素日益增加，债务违约等诸多问题频繁出现，严重阻碍了企业的可持续发展。全国上市公司范围内，因内部控制失败爆出的"黑天鹅"事件频发。在浙江省内，盾安集团、精工集团等案例也不鲜见。因此，在当前经济形势复杂多变的时期，浙江企业要想保持健康发展、有效管控风险，内部控制的健全有效和持续改进显得尤为重要。良好的内部控制也是保障浙江企业可持续发展的必然要求。

内部控制是防范重大风险的重要保障，也是资本市场有效运转以及企业高质量发展的基石。研究和评价企业内部控制体系的设计和运行效果，深入探讨内部控制完善与质量提升，强化企业风险管理，促进上市公司高质量发展，具有重大的学术创新价值和实践指导意义。但如何将上市公司内部控制状况定量化，衡量上市公司间的内部控制差异并进行科学评价和比较，是横亘在内控实践工作者和监管层面前的一大难题。本书以浙江省上市公司内部控制作为研究对象，以内部控制基本理论及实践发展为依据，以"过程观"为视角，构建了综合且定量的上市公司内部控制有效性之评价体系，形成内部控制指数，有助于量化和比较不同类型上市公司的内部控制质量，使利益相关者能够更准确地了解上市公司内部控制的真实情况，从而促进内部控制规范的有效实施和上市公司内部控制质量的整体提升。在此基础上，对"十三五"期间浙江上市公司内部控制建设所取得的成就和经验进行评价、分析和总结，提炼最佳实践，并对内部控制促进浙江上市公司高质量发展进行机制检验，进而助力企业行稳致远、保障浙江经济高质量发展，为提升浙江上市公司内部控制水平提供政策设计和政策支持方案。

自 2017 年以来，我们联合浙江上市公司协会和浙江省总会计师协会，坚持每年举办《浙江上市公司内部控制指数报告》发布会和论坛，该指数已成为浙江省上市公司内部控制质量的"晴雨表"和"温度计"，一经发布便在社会各界引发强烈反响，且持续为政府出台相应政策提供重要决策依据。更为重要的是，我们同时"讲好浙江企业故事，分享浙江企业经验"，加强内部控制交流和成功经验分享，引导上市公司更加重视内部控制建设，形成内部控制文化，并通过加强内部控制交流，营造省内上市公司内部控制建设"比拼、借鉴与持续改进"的氛围。

本研究已持续 5 年对浙江上市公司内部控制进行跟踪和评价，并连续 5 年举办指数发布会和论坛，在此过程中离不开社会各界的大力支持，借此机会对支持本研究的学界和业界同仁表示衷心感谢。本书由陈俊和董望所著，孟媛、徐怡然、黄烁、傅倾云和余王蕾参与内部控制研究、资料整理和编撰工作。本研究得到教育部哲学社会科学研究重大攻关项目（20JZD014）、国家自然科学基金重点项目（71332008；71932003）、国家自然科学基金面上项目（71872163）、国家社会科学基金重点项目（21AGL011）和浙江省哲学社会科学规划领军人才培养专项课题（22QNYC04ZD）的支持。

我们诚挚地希望学界和业界同仁能够对我们的探索性研究提出意见和批评，并与我们共同推动内部控制学术研究和实践发展，助力浙江经济高质量发展。

陈 俊 董 望

2022 年 9 月 20 日　求是园

目录

第一章

浙江上市公司发展与内部控制评价的重要意义

改革开放以来，浙江高举中国特色社会主义伟大旗帜，在党中央和历届省委、省政府的坚强领导下，大力弘扬"红船精神"、浙江精神，坚定实施"八八战略"，经济步入高质量发展轨道，社会繁荣和富足前所未有，高水平全面建成小康社会取得丰硕成果。从改革开放的先行地到资本市场大省，浙江省生产总值在过去 10 年间连跨 4 个万亿级台阶，突破 7 万亿元，人均地区生产总值突破 11 万元。在建设"共同富裕示范区"的涛头上，浙江始终以勇立潮头的姿态，阔步走在时代前列。

上市公司是推动区域经济发展的重要力量。在经济高质量发展的进程中，浙江始终遵循"上市公司强则区域经济强"的理念，在资本市场中聚合成别具特色的"浙江板块"，以上市公司群体引领区域经济的转型升级。2021 年 3 月，浙江省人民政府在巩固深化原有"凤凰行动"计划成果的基础上，印发《浙江省深入实施促进经济高质量发展"凤凰行动"计划（2021—2025 年）》。该计划指出，希望通过"雏鹰"企业成长、"雏鹰"企业壮大，实现更多企业成为"金凤凰"，推动浙江省成为培育战略性新兴产业和未来产业的重要策源地、上市公司高质量发展的重要试验区。

内部控制是企业有效防范风险、规范权力运行的主要手段，也是会计职能拓展升级的重要支撑，更是推进国家治理体系和治理能力现代化的长效保障机制。内部控制是由企业董事会、监事会、经理层和全体员工实施的，旨在实现控制目标的过程，其目标是合理保证企业经营管理合法合规、资产安全、财务报告及相关信息真实完整，提高经营效率和效果，促进企业实现发展战略（COSO，1992；财政部等，2008）。"十三五"期间，在浙江经济社会发展取得显著成效的同时，企业内部控制规范体系建设稳步实施推进，积极发挥内部控制在规范组织内部运行、有效防范舞弊、保证会计信息真实完整、提升经营管理水平和风险防范能力等方面的重要作用。越来越多的企业通过建立"计划—执行—检查—整改"（PDCA）的内部控制评价循环来完善现有的管理制度，保障内部控制的有效性，进而提升经济效益、降低经营风险，实现企业的高质量发展。

第一节　"凤凰行动"与"十三五"期间浙江上市公司发展：跨越式增长下的理性思考

　　浙江省素来是全国经济发展的排头兵，在社会主义经济建设新时期，浙江省也被赋予了全新的责任，要更注重经济发展从量向质的转型，确保经济的可持续、高质量发展。2021年，浙江省全省生产总值为7.35万亿元（见图1.1），比2020年增长8.5%，高出全国0.4个百分点。面对我国经济社会发展的新阶段、新特征、新要求，浙江省经济运行展现出强劲的韧性和活力，交出了高质量发展的亮眼成绩单，实现"十四五"良好开局。

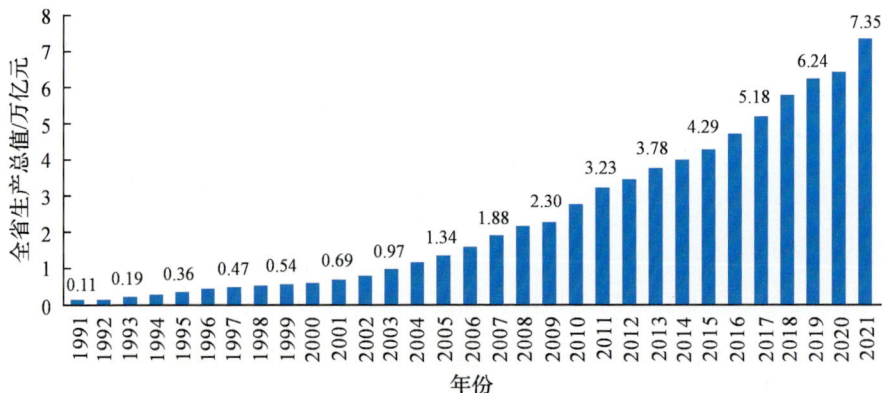

图1.1　浙江省历年全省生产总值变化

资本市场的繁荣为浙江上市公司做大主业、提升竞争力及培育新兴产业提供了重要保障。在"八八战略"指引下,浙江产业结构华丽蜕变,快步迈向工业社会、数字社会,市场化改革不断深化。其间,国有企业改革不断深化,规模实力不断增强,布局结构持续优化,创新引领作用更加突出。民营企业总体呈现"稳中有进""进中有优"的发展态势,勇于承担社会责任,积极参与"三大攻坚战"、"一带一路"建设等重大任务,创新驱动发展成效更加明显。持续推进企业上市,壮大了一批龙头骨干企业,提升了一批传统产业,发展了一批新兴产业,如阿里巴巴、海康威视、吉利汽车、荣盛石化等知名上市公司。

企业高质量发展是经济高质量发展的压舱石。浙江省全面推进市场主体持续升级,自 2017 年 9 月启动以推进企业上市和并购重组为核心的"凤凰行动"计划以来,至"十三五"期末,全省累计新增境内上市公司 190 家,首次公开募股(initial public offering, IPO)融资额达到 1272.4 亿元。2020 年,"十三五"收官之年,浙江省新增境内上市公司 62 家,占全国新增数量的 15.7%,增长速度位居全国第一。基于"凤凰行动"的显著成效,浙江省金融业发展"十四五"规划明确指出,浙江要全力打造"凤凰行动"升级版,实现境内外上市公司 1000 家的目标,让浙江企业通过与资本市场的对接实现越来越高质量的发展,为浙江经济发展再添新的动力。2021 年,"十四五"开局之年,浙江省新增 A 股上市公司 89 家,上市公司总量首次突破 600 家大关,达到 605 家(见图 1.2)。

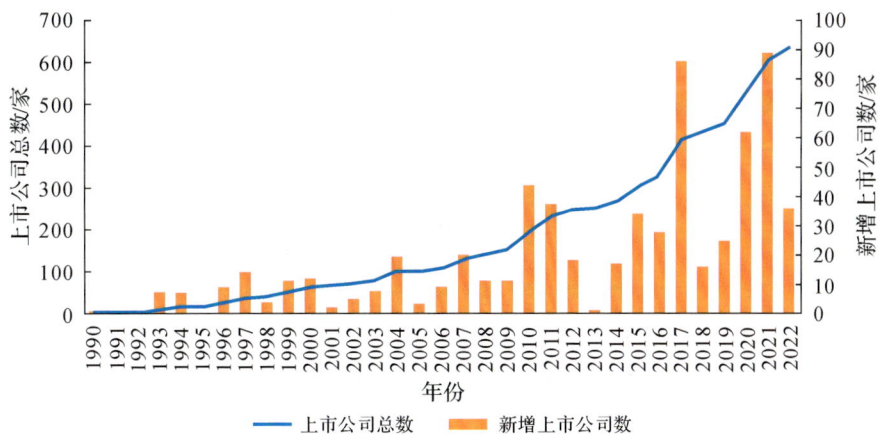

图1.2　浙江省历年上市公司数量变化

在国际经济金融形势更加复杂多变、国内供给侧结构性改革进入深水区的背景下，浙江资本市场在"十三五"时期砥砺前行，深化改革不断推进，取得了一系列骄人业绩。浙江把推动市场主体提升作为加快经济转型升级的重要抓手，围绕"个转企、小升规、规改股、股上市"工作主线，把推动市场主体升级、对接多层次资本市场作为培育龙头骨干企业的重要途径，初步形成中小企业和资本市场互动发展的良好局面，搭建了独具特色的多层次资本市场服务体系。

当前，浙江资本市场规模快速扩大，2020年末市场监管部门注册登记市场主体803.2万户，平均每8人中就有一个老板，其中企业282.0万户。境内上市公司融资累计13885亿元，吉利等5家企业入围世界500强。143个特色小镇入驻企业近10万家，集聚创业团队近9000个，吸纳就业165万人。党的十八大以来，浙江全省累计新增股份公司超过1.7万家。目前已建立分层次、分行业、分梯队共1000家动态培育的上市后备资源库，其中数字经济、高端装备制造和高新技术企业占比超过80%，形成了今后3~5年数量充裕、梯队管理、动态递进的上市后备资源队伍，为"凤凰行动"计划持续推进提供了有力保障。

资本市场改革、并购重组放开、疫情特殊通道等举措显著拓宽企业融资渠道、降低企业融资成本，为浙江资本市场在外部环境不确定性中的平稳发展保驾护航，尤其是民营经济的活力得到有效保障。2020年，浙江民营经济创造了66.3%的生产总值、73.9%的税收、82.1%的外贸出口、59.8%的投资、87.5%的就业岗位和拥有92.3%的企业。菜鸟网络、网易严选、微脉等一批世界知名的独角兽龙头企业茁壮成长。在2020年公布的中国民营企业500强中，浙江企业上榜96家，企业数量连续22年居全国各省（区、市）第一位。随着沪深交易所陆续发布关于上市、重新上市及退市规则的公开征求意见稿，股票发行注册制即将迎来全面实行，北京证券交易所正式启用，资本市场的高流动性特征将进一步确立。

在肯定取得的成绩的同时，我们必须清醒地认识到，资本市场生态正在发生深刻变革，资本市场环境日益复杂多变。在存在诸多不确定性、大国之间博弈日益明显的宏观环境下，上市公司"爆雷"事件仍然时有发生。2020年，瑞幸咖啡被曝伪造22亿元流水，遭到纳斯达克证券交易所摘牌，并收到1.8亿美元罚单；

包商银行因资不抵债与内部控制虚设，遭到大股东掏空，正式进入破产程序；华晨汽车、紫光股份、永煤集团等国有企业接连出现债务违约，信用债市场持续承压；蚂蚁集团暂缓在 A 股和 H 股上市。资本市场的深刻变化暴露了上市公司在防范化解重大风险能力上的欠缺，这对其生产经营与内部控制均提出了全新的要求。

虽然从整体上来看，浙江企业的经营管理水平位居全国前列，但风险管理缺陷导致的问题仍时有发生。2018 年，浙江省上市公司银亿股份债务违约 27.8 亿元，巨亏 5.73 亿元，并在 2019 年因未按照相关制度履行决策审批程序和信息披露义务等原因被出具否定意见的内部控制审计报告；2018 年，浙江本土的中国 500 强企业盾安集团深陷 450 亿元债务危机；2019 年，曾一度入选"中国民营企业 500 强"的精功集团也由内部控制重大缺陷而导致总部流动性紧张和巨额债务爆发。作为改革发展的先行示范区，浙江省内的企业更应该直面困难和问题，采取更有针对性的措施，做好企业内部的风险防范和管控，实现行稳致远。

第二节 内部控制与上市公司高质量发展

2017 年，党的十九大首次提出"高质量发展"表述，表明中国经济由高速增长阶段转向高质量发展阶段。党的十九届五中全会亦指出，"十四五"时期的经济社会发展要以推动高质量发展为主题。在这一背景下，2021 年中央经济工作会议强调，必须坚持高质量发展，推动经济实现质的稳步提升和量的合理增长。

企业作为经济发展和转型的主力军，在促进经济的高质量发展中发挥了举足轻重的作用。党的十九届六中全会通过的《中共中央关于党的百年奋斗重大成就和历史经验的决议》指出，富有竞争力的企业是高质量发展的微观基础。统筹发展与安全，要求企业在加快建设现代化经济体系上取得更大进步，在服务和融入新发展格局上展现更大作为，确保企业高质量发展的基业长青。

2020 年 10 月，国务院发布《关于进一步提高上市公司质量的意见》（以下简称《意见》），指出提高上市公司质量是推动资本市场健康发展的内在要求，是新时代加快完善社会主义市场经济体制的重要内容。基于此，《意见》首先强调要注重规范公司治理和内部控制，严格执行上市公司内控制度，加快推行内控规范体系，提升内控有效性，切实提高公司治理水平。

建立健全企业内控体系是企业管理提升的重要基础，是促进企业守住不发生系统性风险底线、加快实现高质量发展的有力举措。2022 年 3 月，财政部、证监会联合发布《关于进一步提升上市公司财务报告内部控制有效性的通知》（以下简称《通知》），加强对上市公司实施企业内部控制规范的管理、指导和监督，提升上市公司财务报告内部控制有效性和会计信息质量。《通知》针对当前多发的上市公司财务造假和相关内部控制缺陷，指出要切实提升上市公司财务报告内部控制的有效性，充分发挥内部控制在上市公司财务报告中的控制关口前移、提升披露透明度、保护投资者权益等重要作用。

"十三五"期间，国资委、财政部、证监会等主管部门先后发布与企业内控相关的政策文件，内部控制在防范化解重大风险、压实企业自救主体责任中的作用愈发突显（见表1.1）。在多方合力推动下，上市公司实施企业内部控制规范的数量逐年增加，披露内部控制评价报告的上市公司已超过 4000 家；全部中央企业于 2020 年底基本建立起规范、完善的内部控制体系，增强了国有经济的抗风险能力；小企业经营管理者逐步提升内部控制意识和风险防范能力，建立健全内部控制体系。

表1.1　"十三五"期间相关政策文件

发布主体	文件名称	发布日期	核心内容
财政部	《小企业内部控制规范（试行）》	2017-06-29	小企业应当围绕控制目标，以风险为导向确定内部控制建设的领域，设计科学合理的控制活动或对现有控制活动进行梳理、完善和优化，确保内部控制体系能够持续有效运行

续表

发布主体	文件名称	发布日期	核心内容
证监会	《证券公司投资银行类业务内部控制指引》	2018-03-23	证券公司及开展资产证券化业务的基金公司子公司应当进一步完善、优化内部控制体系和机制建设,确保将投行类业务纳入公司整体合规风控管控之下,着力提升主体风险责任意识和内部控制水平,切实担负起对接投融资两端、服务实体经济的重要职责
国资委	《关于加强中央企业内部控制体系建设与监督工作的实施意见》	2019-10-19	指出内部控制是央企实现高质量发展的重要基础,提出"强内控、防风险、促合规"的管控目标,要求形成全面、全员、全过程、全体系的"四全"风险防控机制
	《关于做好2020年中央企业内部控制体系建设与监督工作有关事项的通知》	2019-12-31	要求中央企业加强组织领导,建立健全内控工作体系;完善制度体系,促进内控体系规范有效运行;加强风险管控,提升重大风险监测及应对水平;做好统筹规划,加强内控体系信息化管控工作
银保监会	《关于开展银行业保险业"内控合规管理建设年"活动的通知》	2021-06-08	各银行保险机构要对照工作要点深入查找内合规薄弱环节,重点加强股权管理、授信业务、影子银行和交叉金融、互联网业务等领域的内控合规建设

基于现有实践,政策精神为"十四五"时期内部控制规范建设与实施工作指明方向。2021年11月,财政部印发的《会计改革与发展"十四五"规划纲要》明确提出,要全面修订完善内部控制规范体系,有针对性地加强内部控制规范的政策指导和监督检查,强化上市公司、国有企业、行政事业单位建立并有效实施内部控制的责任,为各类单位加强内部会计监督、有效开展风险防控、确保财务报告真实完整夯实基础。

在浙江省大力培育上市公司的背景下,内部控制建设的重要位置更为突出。

2017 年，杭州致瑞传媒股份有限公司在上海证券交易所主板提交 IPO 申请遭到否决，其主要原因在于公司内部控制出现问题。预披露文件显示，公司的客户与供应商集中度远高于同行业可比上市公司（可能存在商业贿赂行为），其实际控制人与其控制的企业曾存在占用公司资金的情形，且金额较大。此外，经核查，公司分别为其实际控制人邹斌和邹雪梅购买阿斯顿马丁、玛莎拉蒂等汽车供其专用等。

依照《首次公开发行股票并上市管理办法》第十七条的规定，发行人的内部控制制度健全且被有效执行，能够合理保证财务报告的可靠性、生产经营的合法性、营运的效率与效果。站在企业外部利益相关者的角度，内部控制最重要的作用是保证财务报告的真实性；而从企业自身来看，内部控制是防范风险的主要抓手。在浙江省"十三五"期间发生的 266 起 IPO 发行审核事件中，证监会先后针对 92 起事件提到与企业内部控制相关的问询内容。在发行审核不通过的 22 起事件中，有 10 家公司的内部控制有效性遭到质疑，这一比例已经达到 45%。

中小民营企业走向资本市场，必须建立现代公司治理制度，灵活运用内部控制等风险控制手段，以应对企业规模的逐步壮大。如果不能建立良好的内部控制保障机制，就可能会对企业的生产经营产生不利影响。

创建于 1987 年的盾安集团，依靠诸暨地区独特的块状经济优势，拥有盾安环境与江南化工两大优质上市资产，进一步在新能源产业等重资产模式的领域布局新业务。然而，随着金融去杠杆政策的实施，市场资金迅速收紧，"盾安帝国"深陷发债难、融资难的困境，暴露了流动性风险管理的重大缺陷。2018 年，盾安集团各项有息负债超过 450 亿元，信用等级从 AA+ 下调至 AA-。

随着盾安集团"爆雷"，上市公司盾安环境成为"牺牲品"，在控股股东 100% 的股权质押下成为集团的"担保人"。与此同时，盾安环境过快的多元化脚步带来了资金与管理的多重压力，民爆化工、风力发电、镁合金材料等新业务的成长周期难以长久，经营风险日益积累。2018 年，盾安环境营业收入达到历史峰值的 94.01 亿元，扣非净利润却出现了 21.01 亿元的巨额亏损，发家产业制冷业务也受到牵连，市场地位被三花智控、不二工机等竞争对手追上，市场份额被蚕食。多种因素影响下，公司股价陷入低迷，长期徘徊在 4 元 / 股上下。

由于缺乏健全且有效的内部控制体系支撑，盾安集团难以及时识别并应对其在生产经营中产生的各类风险，最终陷入集团与子公司的互保困局。为化解金融债务，盾安集团决定将已被质押的公司股份进行协议转让。当前，盾安环境的第一大股东已经变更为格力电器，且其控制权地位有望进一步巩固，而盾安集团则完全丧失了对子公司的控制能力，曾经的"盾安帝国"后继乏力。

对内部控制建设的重视和完善是上市公司治理优化、质量提升的重要方式，是上市公司有效管控风险、促进稳健经营的重要途径，是加强投资者保护进而保障资本市场健康发展的重要基石。2021 年 12 月 3 日，恒大集团发布公告称无法履行一项 2.6 亿美元的担保义务，可持续发展亮起了红灯。为有效化解风险，保护各方利益，维护社会稳定，广东省人民政府向恒大派出工作组，督促推进企业风险处置工作，督促切实加强内控管理，维护正常经营。上市公司要更加注重自身的内部控制问题，防范内部风险，助力企业高质量发展。

作为全国经济重镇和民营经济发达地区，浙江的经济发展在推动全国经济发展过程中的作用是举足轻重的，而浙江经济要保持健康活力，就要求浙江企业持续高质量发展。加强上市公司内部控制和风险管理、促进上市公司高质量发展将成为重点工作。良好的上市公司内部控制是实现浙江省资本市场战略发展的重要基础，营造省内上市公司内部控制建设"比拼、借鉴与持续改进"的氛围是推动浙江省上市公司持续高质量发展的重要举措。

第三节　国内外内部控制的实践发展与资本市场监管

内部控制是提升上市公司质量、促进企业和经济高质量发展的基础，是世界各国企业发展共同关注的焦点。早在 1977 年，美国出台的《反海外腐败法》（Foreign Corrupt Practices Act，简称 FCPA）就规定，企业应建立内部控制制度以防止发生贿赂行为。为了应对 21 世纪初发生的安然、世通、安达信等一系列会计舞弊案件，美国国会于 2002 年 7 月颁布《萨班斯－奥克斯利法案》（SOX 法案），要求上市公司对内部控制的有效性进行评估，披露已知内控缺陷，并且要求评估报告经过审计师鉴证。

由于公司欺诈与会计丑闻导致公司面临破产风险的行为大多与企业的高级管理层有关，强化企业内部控制环境和完善公司治理结构也就成为企业符合政府监管机构要求、取信于投资大众和防范风险的重中之重。此后，专门致力于内部控制和公司治理的教育组织和智囊机构——国际内部控制协会（The Internal Control Institute）正式成立，成为国际内部控制领域职业团体的代表机构。金融危机爆发后，公司内部控制的实施与监督得到进一步强化。

随着相关的理论建设逐步成熟，内部控制逐渐向企业经营管理渗透。1992 年 9 月，专门研究内部控制问题的 COSO 委员会（The Committee of Sponsoring Organizations of the Treadway Commission，美国反虚假财务报告委员会的发起组织委员会）发布《内部控制整合框架》，将内部控制划分为五个相互关联的要素，并在全球得到广泛认可与应用。2004 年 9 月，结合《萨班斯－奥克斯利法案》（SOX 法案）在报告方面的要求，COSO 委员会颁布了《企业风险管理整合框架》，从企业战略的高度关注内部控制与风险管理，并于 2017 年 9 月发布最新修订版，将基于风险导向的管理理念渗透至战略管理、绩效管理、企业文化建设等企业管理实践。面对数字信息时代的全新环境和挑战，COSO 委员会与德勤在 2019 年联合发布《数字时代网络风险管理》，提供了组织用以识别和管理网络风险的框架和原则。

聚焦国内，我国监管机构对企业内部控制的管控力度逐渐加强，规模也在不断扩大。2000 年，证监会发布《公开发行证券公司信息披露编报规则》，对上市商业银行的内控和风险管理系统提出了要求，中国注册会计师协会随后于 2002 年发布《内部控制审核指导意见》，指导内部控制审核业务。2006 年，证监会多次发文，对首次公开发行（IPO）和再融资（如配股、增发等）的上市公司内部控制信息披露进行强制性监管。同年，国务院要求财政部会同有关部门制定企业内部控制实施、评价与披露制度，国资委、上海证券交易所、深圳证券交易所先后发文，要求上市公司加强风险管理和内部控制建设。

2008 年 6 月，财政部、证监会、审计署、银监会、保监会联合发布《企业内部控制基本规范》，明确上市公司内部控制评价披露要求，又于 2010 年联合发布《企业内部控制配套指引》，标志着我国"以防范风险和控制舞弊为中心、以控制标准和评价标准为主体，结构合理、层次分明、衔接有序、方法科学、体系完整"的企业内部控制规范体系建设目标基本实现。基于此，相关部门分别对中央企业、小企业、证券公司、银行保险业务、科创板上市公司等特定主体提出了针对性的内部控制规范指引，推动了内部控制在各类主体中的全面建设工作。

第四节　内部控制评价的重要意义

现代企业在发展中面临着诸多风险因素，内控体系是风险管理的核心制度保障。正因如此，上市公司内部控制建设、有效性评价、披露与管制等已成为我国监管部门、投资者和公司管理层关注的焦点，是建立有效资本市场以及促进企业高质量发展的一项重要制度安排。那么，究竟什么样的内部控制才是最佳实践？好的内部控制应当如何设计？企业应当如何建立并完善自身的内部控制体系？内部控制如何审计？这些问题的核心在于建立一整套科学合理且具有可操作性的内部控制评价系统，从而才能促进上市公司内部控制机制的逐步完善和内控质量的不断提升。

我们在过去五年的实践表明，研究一套科学的、基于投资者保护与监管视角的、具有普适性的内部控制评价体系，并编制能够量化反映上市公司内部控制有效性的内部控制指数，至少具有以下几个方面的意义。

（1）有助于帮助监管部门及时跟踪和评价上市公司内部控制现状，加强上市公司引导与监管，制定相应方案与政策，提高公司内部控制水平，防范重大风险，推动资本市场的发展与完善，保障企业和经济高质量发展。当前，内部控制指数已成为浙江省上市公司内部控制质量的"晴雨表"和"温度计"。基于内部控制评价体系，也能够系统评价"十三五"期间浙江上市公司内部控制建设的成就、经验与不足，为助力企业行稳致远、保障浙江经济高质量发展提供政策支持。

（2）有助于指导上市公司发现自身管理漏洞，查找、分析内部控制缺陷并有针对性地落实整改，进而倡导良好的内部控制文化，强化内控保障，促进上市公司持续改进内部控制，进一步提高上市公司质量，为公司持续健康发展提供保障。

（3）为资本市场提供新的、有用的增量信息，从而有助于为上市公司投资者、债权人等利益相关者提供决策依据，提高决策有效性。

（4）有助于为学术界提供内部控制量化评价方法，提升内部控制研究水平。

我们基于"过程观"的理念，以企业内部控制制度（五大要素的有机整体）的建立健全性和执行有效性来构建内部控制评价体系，更契合内部控制评价与审计的要求，更符合内部控制对企业目标的实现程度，同时更全面、准确地刻画内部控制，因此能够更好地推动内部控制学术研究的发展。基于本评价方法和指数，学者们已经在国内外一流期刊发表大量研究（Chen et al.，2017；Chen et al.，2020），并将内部控制研究从整体层次推进至五要素层次，能够更好地揭示内部控制的运行机制，进而也更好地指导实践，产生更广泛的实践应用价值。

我们始终以"培养引领中国发展的健康力量"为价值观，坚持扎根浙江、立足中国、嵌入全球，服务国家和区域经济的发展。我们深刻认识到，内部控制评价对内控规范的有效实施与上市公司内控质量的整体提升具有重大意义，同时对地方经济高质量发展和"凤凰计划"有效实施具有重要保证作用。因此，我们积极推动浙江上市公司内部控制评价体系研究，并构建了内部控制评价指数，密切跟踪和评价浙江省"十三五"期间上市公司内部控制水平。2017年，浙江大学管理学院、浙江大学全球浙商研究院联合浙江上市公司协会和浙江省总会计师协会首次发布《浙江上市公司内部控制指数报告》，推出"浙江上市公司内部控制30强排行榜"，对企业进行全方位的"诊断"，明确指出关于浙江上市公司内部控制的"核心发现"，并进一步提出上市公司内控质量的提升策略。浙江上市公司内部控制指数发布会邀请相关政府机构、监管部门、高校、上市公司等单位的专家学者及业界精英共同参加，并围绕上市公司内部控制的具体主题展开深入探讨与交流，分享优秀上市公司的内控建设经验和关于建设创新的思考，以期促进浙江省企业提升风险管理意识，形成内部控制文化，强化内部控制交流，推动内部控制水平提升，保障企业行稳致远和高质量发展。排行榜至今已成功发布五届，受到《浙江日报》《证券日报》与中国网等主流媒体的报道与浙江省上市公司的高度关注与重视。

"十三五"期间，我们每年对浙江上市公司内部控制水平进行持续跟踪和评估，并连续五年发布《浙江上市公司内部控制指数报告》。自2016年以来，浙江省经济发展取得卓越成效，上市公司数量快速增长，由328家增长至534家。与此同时，浙江上市公司的内部控制也呈现出逐年向好的趋势。五年间，先后有59家企业进入浙江上市公司内部控制30强榜单，30强上市公司内部控制平均指数实现7.81个百分点的增长，在各省（市）的排名由第12位提升至第5位，进入全国内部控制百强上市公司排行榜的企业数量也由最初的8家增长至12家（见图1.3）。

图1.3　浙江上市公司内部控制整体变化情况

第二章

内部控制理论基础与研究现状

第一节　内部控制与风险管理

内部控制是由董事会、管理层和其他职员实施的旨在为企业经营的效率与效果、财务报告的可靠性及遵循适用的法律与法规提供合理保证的一个过程。这是COSO（1992）在《内部控制整合框架》中的提法，现已成为最普遍认可的权威定义。[①] 在此之前，内部控制经历了内部牵制阶段、内部控制制度阶段、内部控制结构阶段三个阶段（陈汉文，2009）。2000 年后，一系列财务舞弊丑闻与公司破产案件的相继爆发使投资者对资本市场的信任与信心跌入谷底，人们比以往任何时候都更迫切地需要一个能有效识别、评估与应对风险的整合框架。在社会各界的极力呼吁下，美国国会于 2002 年 7 月 25 日通过了 SOX 法案，要求公众公司的管理层应对企业内部控制的有效性进行认定并经外部审计师鉴证、出具审计意见。但仍缺乏一个能提供关键原则与概念、明晰的方向和具体指南的综合制度框架。为此，2003 年 COSO 发布《企业风险管理整合框架（草案）》，以征求各方意见；2004 年 9 月终成定稿，命名为《企业风险管理整合框架》。该框架以"风险管理"这一更加宽泛的领域将《内部控制整合框架》纳入其中，构建了一个更加全面、能动和面向未来的企业内部控制体系，更加符合企业对于战略发

[①]　我国对于内部控制的权威定义来自《企业内部控制基本规范》。该规范指出："本规范所称内部控制，是由企业董事会、监事会、经理层和全体员工实施的、旨在实现控制目标的过程。内部控制的目标是合理保证企业经营管理合法合规、资产安全、财务报告及相关信息真实完整，提高经营效率和效果，促进企业实现发展战略。"

展和价值实现的需要，这标志着内部控制迈入全面风险管理整合框架的新阶段。

一、内部牵制阶段

在 20 世纪 40 年代以前，内部控制理论基本停留在内部牵制阶段。1936 年，美国会计师协会在《由独立的会计师执行的财务报表检查》中，将内部控制定义为 "为保护公司现金和其他资产、检查簿记事务的准确性，而在公司内部采用的手段和方法"，并提出审计师在制定审计程序时，应审查企业的内部牵制和控制。由此，内部控制进入了内部牵制阶段。

内部牵制主要以账目间的相互核对为主要内容并实施岗位分离。即通过授权审批、职责分工、双重记录、核对记录等手段，坚持钱、物、账分管，来防止弊端的发生，以保证会计记录的正确和财产的安全。它是现代内部控制理论中有关组织控制、职务分离控制的雏形，是在当时企业生产规模较小和企业管理理论处于初始阶段的条件下，在总结以往经验并结合实践的基础上逐渐形成的。

在这一阶段，内部控制的着眼点在于职责的分工和业务流程及其记录上的交叉检查或交叉控制，以查漏防弊为重要目的。其主要目的是防止组织内部发生错误和舞弊，通过保护组织财产的安全来保障组织运转的有效性。

二、内部控制制度阶段

20 世纪 40 年代至 70 年代，内部控制理论发展进入内部控制制度阶段。1949 年，美国注册会计师协会（AICPA）在其报告《内部控制：协调组织的各种要素及其对管理者和独立公共会计师的重要性》中，首次发布了内部控制的权威定义，将内部控制界定为："一家企业为保护资产完整、保证会计数据的正确和可靠、提高经营效率、贯彻管理部门既定决策，所制定的政策、程序、方法和措施。"

1958 年，美国审计程序委员会在第 29 号审计程序公报《独立审计人员评价内部控制的范围》中，将内部控制分为内部会计控制和内部管理控制。其中会计控制由组织计划与所有保护资产、保护会计记录可靠性或与此相关的方法和程序构成，包括授权和批准制度、财产的实物控制、记账、编制财务报表、保管财物资产等职务的分离，以及内部审计等。管理控制则由组织计划与所有为提高经营效率、保证管理部门所制定的各项政策得到贯彻执行或与此直接相关的方法或程序构成，包括统计分析、绩效评价、雇员培训计划、经营报告和质量控制等。

总的来说，在此阶段，内部控制的职责范围扩大了，方法趋于科学与完善。此时，内部控制的目标除保护组织财产的安全之外，还包括增进会计信息的可靠性、提高经营效率和遵循既定的管理方针，体现了当时企业管理实践的需求。修正后的内部控制定义缩小了注册会计师的责任范围。但管理人员也认为，此定义中的内部控制过多地关注纠错防弊，可能无法适应管理部门的需要。

三、内部控制结构阶段

20 世纪 80 年代至 90 年代初，内部控制发展进入内部控制结构阶段。20 世纪以来，大量公司倒闭和陷入财务困境，引发了审计诉讼浪潮。同时，随着组织规模越来越大，经营环境越来越复杂，"会计控制"越来越不可能在提高审计效率、降低审计成本的同时保证审计质量。

1988 年，美国注册会计师协会发布《审计准则公告第 55 号》，规定从 1990 年 1 月起，取代 1972 发布的《审计准则第 1 号》。该公告首次以"内部控制结构"取代了"内部控制"，公告指出："企业的内部控制结构包括为提供取得企业特定目标的合理保证而建立的各种政策和程序。"在此基础上，内部控制结构由三部分组成：①控制环境，即对建立、加强或削弱特定政策和程序效率发生影响的各种因素；②会计制度，即规定各项经济业务的鉴定、分析、归类、登记和编报的方法，明确各项资产和负债的经营管理责任；③控制程序，即管理当局所制定的方针和程序，用以保证达到一定的目的。在"内部控制结构"中，不再划分内部会计控制与内部管理控制，而统一以三要素表述内部控制。

此时，内部控制不仅重视会计手段对企业实现目标的助力，更加关注控制环境对内部控制的潜在影响，标志着内部控制走向结构化和体系化，也拓展了审计师在财务报表审计中考虑内部控制的责任范围。

四、内部控制整合框架阶段

20世纪70年代，美国频频发生公司财务失败和出现可疑的商业行为。美国反虚假财务报告委员会（Treadway委员会）调查发现，其所研究的欺诈性财务报告案例中，有大约50%是由内部控制失效造成的，于是成立了COSO来制定内部控制指南。

1992年，COSO发布了著名的COSO报告——《内部控制整合框架》，并于1994年进行了增补。它将内部控制定义为："由企业的管理人员设计的，为实现营业的效果和效率、财务报告的可靠及合法合规目标提供合理保证，通过董事会、管理人员和其他职员实施的一种过程。"内部控制的目标包括：①合理保证经营的效率与效果；②财务报告的可靠性；③对法律法规的遵循。该报告首次提出了内部控制的五要素，指出内部控制由五个相互联系的要素组成：①控制环境（control environment）；②风险评估（risk assessment）；③控制活动（control activities）；④信息与沟通（information and communication）；⑤监控（monitoring）。COSO报告首次把内部控制从原来的平面结构发展为立体框架模式。

内部控制整合框架的提出是内部控制理论研究历史性的突破，不仅为内部控制的控制目标指明了方向，而且为其有效实践提供了可供遵循的五个要素。

五、企业全面风险管理整合框架阶段

2002年，《萨班斯-奥克斯里法案》（SOX法案）的发布再次激起了对内部控制理论与实务的研究，其要求各上市公司必须严格执行内部控制，实行内部监督。2004年9月，COSO颁布了《企业风险管理整合框架》，并将企业风险管理定义为："是一个由企业的董事会、管理层和其他员工共同参与的，应用于企业战略制定和企业内部各个层次和部门的，用于识别可能对企业造成潜在影响的事项并在其风险偏好范围内管理风险的，为企业目标的实现提供合理保证的过程。"企业风险管理框架提出了四类目标：①战略目标，即高层次目标，与使命相关联并支撑使命；②经营目标，高效率地利用资源；③报告目标，报告的可靠性；④合规目标，符合适用的法律和法规。企业风险管理框架包括八个相互关联的组成要素：内部环境、目标设定、事项识别、风险评估、风险应对、控制活动、信息与沟通、监控。其中，将企业风险作为控制的核心。《企业风险管理整合框架》既是对《内部控制整合框架》的超越，也标志着内部控制的转型，在内涵界定、目标体系、构成要素等方面都进行了拓展和延伸，引导企业更加重视风险，实现可持续经营。2004年《企业风险管理整合框架》的颁布，意味着内部控制已经进入新的阶段，这一阶段以企业风险管理为中心。随着新环境、新技术的不断演变，新的风险也层出不穷。在此前提下，COSO在2014年启动了首次对风险管理框架的修订工作。2017年9月，COSO正式发布《企业风险管理框架》。

我国从20世纪90年代开始，将研究重点转移到内部控制相关理论，并逐步向实务界发展企业内部控制。21世纪以来，内部控制研究领域逐渐发展到繁荣时期。2008年6月28日，财政部、证监会、审计署、银监会、保监会联合发布的《企业内部控制基本规范》指出，内部控制主要由企业董事会、监事会、经理层和全体员工共同实施，其目标就是要保证企业经营管理合法合规，财务信息真实完整，企业经营不断改进，发展战略有效实施，是企业实现自身控制目标的过程。该规范充分借鉴了COSO报告中的五要素框架与八要素风险理念。

第二节　我国内部控制制度历史演进

国外企业内部控制大致经历了内部牵制阶段、内部控制制度阶段、内部控制结构阶段、内部控制整合框架阶段、企业全面风险管理整合框架阶段这五个阶段。会计规范、审计技术以企业管理理念的发展对企业内部控制的演进起到极大的促进和推动作用。新中国成立以后，随着经济稳定和快速发展的需要，以及国外会计、审计技术以及企业管理理念的传入与消化，我国的企业内部控制在不断探索过程中得以建立和完善。根据内部控制的内涵以及系统性等特点，本书将1949年新中国成立以来我国的内部控制发展分为三个阶段：第一阶段为1949—1996年，为我国企业内部控制萌芽期；第二阶段为1997—2005年，为我国企业内部控制探索期；第三阶段为 2006 年至今，为我国企业内部控制整合期。

一、我国企业内部控制萌芽期（1949—1996年）

新中国成立后，我国的会计规范和审计准则在复杂的社会环境中逐渐建立。国务院于 1963 年 1 月颁布的《会计人员职权条例》以及 1978 年 9 月修改颁布的《会计人员职权条例》对会计工作职责、工作权限和任免奖惩进行了规定。该条例虽然并未直接提及内部控制，但在某些方面体现了与内部控制相关的会计工作。例如：《会计人员职权条例》第五条规定："要通过财务会计工作，正确反映和监督经济活动，管好各项资金，提高资金使用效果，保护国家财产，维护财经纪律，促进增产节约，增收节支，为发展社会主义事业服务。"从该条规定可以看出，当时已经提出会计工作在提高经营效率效果、保证资产安全、维护法律法规以及监控方面的作用，这与当今内部控制的目标较为一致。

财政部于 1984 年 4 月颁布、同年 7 月 1 日生效的《会计人员工作规则》对会计工作中的岗位责任制、会计科目使用、会计凭证填制、会计账簿登记、会计档案管理以及会计交接工作进行了详细规定。该规则主要强调会计工作中的基础操作规则，并在"建立岗位责任制"部分，对权责分明以及不相容岗位相分离提出了要求，如该部分第五条要求："出纳人员不得兼管收入、费用、债权、债务账簿的登记工作以及稽核工作和档案保管工作。"这体现了内部控制相互牵制的基本思想。

我国第一部会计法《中华人民共和国会计法》（以下简称《会计法》）于 1985 年 1 月 21 日第六届人民代表大会常务委员会第九次会议通过，并于同年 5 月 1 日起施行。该法案主要包括会计核算、会计监督、会计机构及会计人员、法律责任这四章。《会计法》的一个重要特点，就是规定了会计工作的监督职能——会计机构、会计人员对本单位实行会计监督。1993 年 12 月，我国对《会计法》进行修订，修订后的会计法更加注重会计质量的提升——保证会计资料合法、真实、准确、完整。同时，还增加了对会计从业人员胜任能力的规定——会计人员应当具备必要的专业知识。

1996 年，我国《会计基础工作规范》发布实施，该规定提出了内部会计管理制度，包括建立内部会计管理体系、会计人员岗位责任制度、账务处理程序制度、内部牵制制度、稽核制度、原始记录管理制度、定额管理制度、计量验收制度、财产清查制度、财务收支审批制度、成本核算制度和财务会计分析制度。这部分会计管理制度主要体现了控制活动的内容。

由以上分析可以看出，在本阶段，会计法律规范得到大力发展。内部控制相关内容分散在各个会计法律规范中，而缺乏统一的体系以及明确的内涵。在这一过程中，内部控制的内涵和思想在会计工作中得以体现，主要表现在以下两个方面：一方面，从内涵来分析，概括起来，此阶段传达出的会计工作的目标包括提高经营效率效果、保证资产安全、维护法律法规以及提高财务信息质量，并指出会计在监督经济和会计活动中的作用，即体现了会计的控制职能。但是该阶段的法律法规还是以会计核算、会计机构及人员等实务中的基础工作为主，这些目标也未得到一贯的、整体性的体现。另一方面，内部牵制的基本思想以及人员胜任能力的要求得以较好体现，并且此阶段还不断发展出相关的管理制度。虽然，内部控制在此阶段缺乏统一体系和确切的内涵，但内部控制的思想在萌芽，并且越来越具体。

二、我国企业内部控制探索期（1997—2005年）

与内部控制萌芽期不同，在 1997—2005 年，内部控制的内涵得以明确提出，并且呈现出多种特点。中国注册会计师协会制定并于 1997 年 7 月 1 日实施的《独立审计具体准则第 9 号——内部控制与审计风险》将内部控制引入注册会计师独立审计中。该准则给出了内部控制的确切定义，为"被审计单位为了保证业务活动的有效进行，保证资产的安全和完整，防止、发现、纠正错误与舞弊，保证会计资料的真实、合法、完整而制定和实施的政策和程序。内部控制包括控制环境、会计系统和控制程序"。这与 1988 年美国注册会计师协会（AICPA）下设的审计准则委员会（ASB）颁布的第 55 号审计准则公告（SAS No.55）类似，内部控制不再局限于会计控制，而拓展到了对控制环境的关注。此处影响控制环境的主要因素有：经营管理的观念、方式和风格；组织结构和权利、职责的划分方法；控制系统。由此，内部控制还涉及管理层面的控制。

会计规范方面，1999 年再次修订的《会计法》对内部控制提出原则要求，随后财政部陆续发布了《内部会计控制规范——基本规范（试行）》和《内部会计控制规范——货币资金（试行）》等 7 项会计控制规范，标志着我国内部会计控制标准体系建设取得重大进展。该体系认为，内部会计控制的基本目标为：一是规范单位会计行为，保证会计资料真实、完整；二是堵塞漏洞、消除隐患，防止并及时发现、纠正错误及舞弊行为，保护单位资产的安全、完整；三是确保国家有关法律法规和单位内部规章制度的贯彻执行。

金融监管方面，证券金融机构主管部门极其关注风险的控制。1997 年 5 月 16 日，中国人民银行印发《加强金融机构内部控制的指导原则》，要求各金融机构建立科学完善的内部控制制度，以防范金融风险，保证金融业安全稳健运行。该原则指出："金融机构内部控制是金融机构的一种自律行为，是金融机构为完成既定的工作目标和防范风险，对内部各职能部门及其工作人员从事的业务活动进行风险控制、制度管理和相互制约的防范、措施和程序的总称。"该定义突出防范风险，偏重制度层面的考量。2001 年 1 月 31 日，证监会颁布《证券公司内部控制指引》，要求证券公司建立内部控制。该指引认为，"公司内部控制包括内部控制机制和内部控制制度两个方面。内部控制机制是指公司的内部组织结构及其相互之间的运行制约关系；内部控制制度是指公司为防范金融风险，保护资产的安全与完整，促进各项经营活动的有效实施而制定的各种业务操作程序、管理方法与控制措施的总称"。与之前的会计控制不同，该指引结合了证券公司高风险的特征，注重公司的经营管理层面，突出证券公司的风险防范，强调健全内部控制是"规范公司经营行为、有效防范金融风险的主要措施，也是衡量公司经营管理水平高低的重要标志"。为防范风险和促进证券公司内部控制水平提升，证监会同年又颁布《关于做好证券公司内部控制评审工作的通知》，要求证券公司聘请会计师事务所对公司内部控制进行评审，同时强调评审的重点在于风险控制的薄弱环节。2002 年，证监会颁布《证券投资基金管理公司内部控制指导意见》，该意见借鉴了 COSO 1992 年发布的《内部控制整合框架》体系，指出内部控制总体目标包括保证公司严格遵守国家或行业法律法规；防范和化解经营风险以及提高经营管理效率；保证财务和其他信息真实、准确、完整和及时。同时，引入内部控制五要素——控制环境、风险评估、控制活动、信息沟通和内部监控，并分别予以规定。对于商业银行，中国人民银行和中国证监会分别于 2002 年实施《商业银行内部控制指引》，于 2005 年实施《商业银行内部控制评价试行办法》。它们指出，内部控制是商业银行为实现经营目标，通过制定和实施一些制度、程序和方法，对风险进行事前防范、事中控制、事后监督和纠正的动态过程和机制。该定义体现了内部控制过程观的思想。此外，它们还指出，内部控制包含合规目标、战略和经营目标、风险管理目标以及财务报告目标，并具有内部控制环境、风险识别与评估、内部控制措施、信息交流与反馈、监督评价与纠正五要素。2005 年实施的《商业银行市场风险管理指引》强调对市场风险的识别、计量、检测和控制，但是忽略了其他风险。

1997—2005 年这一时期是我国内部控制发展的重要阶段，内部控制内涵、目标、体系等均明晰具体化。概括起来，该阶段我国内部控制主要表现为以下特点：第一，内部控制内涵明晰化、目标全面化。在这个阶段，首先给出了内部控制的确切定义。但是，正如上文所分析的，内部控制内涵呈现多样化，如在《内部会计控制基本规范》中，侧重于会计控制；在第 9 号独立审计具体准则中体现为内部控制结构；在金融机构方面更多表现为内部控制风险管控的特点，但是存在差异。此阶段，内部控制目标更为全面一贯，并且更适合实际要求。如，内部控制的战略目标、合规性目标、经营效率效果目标、资产安全目标、风险管控目标以及财务报告目标等均得以体现。第二，内部控制呈现体系化趋势。与萌芽期内部控制思想或内容散布于各规范制度中不同，此阶段，内部控制向着体系化方向发展，内容与内部控制的目标互相匹配，趋于整体化，如在《证券投资基金管理公司内部控制指导意见》中，从控制环境、风险评估、控制活动、信息沟通和内部监控这五个方面建设内部控制，促进了内部控制目标的实现。第三，内部控制呈现部门、行业之间的差异。此阶段，注册会计师协会、财政部、证监会、中国人民银行以及银监会等均从不同角度对内部控制提出了确切要求。各个部门往往从自身监管角度或监管对象出发，制定相适应的规章制度，因此，不同规章制度中内部控制的内涵、目标或内容存在一定差异。比如，财政部制定的《内部会计控制规范——基本规范（试行）》主要是为了提高财务信息质量，保障资产安全，因此偏重会计控制方面。而证监会对证券公司的风险更为关注，因此其制定的一系列关于证券公司的内部控制规范更加注重风险管控。

在本阶段，各部门在内部控制内涵、目标、内容体系方面积极探索，取得了丰硕成果。但是，一方面，除了金融行业，内部控制还是主要依赖会计控制，层级较低，难以适应外界环境的变化，难以应对市场风险。另一方面，部门、行业之间的差异致使内部控制缺乏统一、权威的体系。这些问题不但不利于企业生存发展及提高管理水平，也不利于内部控制自我评估及外部评估，而且还不利于各部门间协调监管。

三、我国企业内部控制整合期（2006年至今）

探索期内，我国内部控制得到长足发展，呈现出体系化趋势，但是也暴露出内部控制层级低、差异化大以及缺乏统一权威的内部控制体系等问题。2006年后，监管机构试图建立统一的、权威的、结构化、体系化的内部控制体系。最终，由多部门协作建立起了一套"适应我国企业实际情况、融合国际先进经验的中国企业内部控制规范体系"。

2006年，上海证券交易所（以下简称上交所）和深圳证券交易所（以下简称深交所）对建立统一的内部控制体系进行尝试，分别出台《上海证券交易所上市公司内部控制指引》（以下简称《上交所指引》）和《深圳证券交易所上市公司内部控制指引》（以下简称《深交所指引》）。《上交所指引》规定："内部控制是指上市公司为了保证公司战略目标的实现，而对公司战略制定和经营活动中存在的风险予以管理的相关制度安排。它是由公司董事会、管理层及全体员工共同参与的一项活动。"内部控制的目标包括"提高公司经营的效果与效率，增强公司信息披露的可靠性，确保公司行为合法合规性"。同时，在该内部控制的框架下，内部控制包括目标设定、内部环境、风险确认、风险评估、风险管理策略选择、控制活动、信息沟通以及检查监督等八大要素。该内部控制体系与COSO 2004 企业风险管理整合框架相似，将内部控制范围进一步扩展。与《上交所指引》不同，《深交所指引》则为企业风险管理框架与内部控制整合框架的结合。该指引所称内部控制是指"上市公司董事会、监事会、高级管理人员及其他有关人员为实现下列目标而提供合理保证的过程：（一）遵守国家法律、法规、规章及其他相关规定；（二）提高公司经营的效益及效率；（三）保证公司资产的安全；（四）确保公司信息披露的真实、准确、完整和公平"。该定义与《内部控制整合框架》的"过程观"以及控制目标一致，而与《上交所指引》从风险管控角度定义不同。但是，《深交所指引》未采用《内部控制整合框架》的五要素，而是采用了风险管理框架的八要素，包括内部环境、目标设定、事项识别、风险评估、风险对策、控制活动、信息与沟通和检查监督。《上交所指引》和《深交所指引》的内部控制框架体系相对比较完整，自成体系。同时均较为注重对风险的管控。但是，两者仍在内部控制内涵以及制度的建立执行方面存在差异。此外，虽然两者的框架与风险管理框架和《内部控制整合框架》相似，但是各个要素包含的具体内容未有实质性完善。

2006 年 7 月 15 日，财政部、国资委、证监会、审计署、银监会、保监会联合发起成立了企业内部控制标准委员会。该委员会致力于研究一套完整公认的内部控制指引。2008 年 6 月 28 日，财政部、证监会、审计署、银监会、保监会联合发布了《企业内部控制基本规范》（以下简称《基本规范》）。《基本规范》指出："本规范所称内部控制，是由企业董事会、监事会、经理层和全体员工实施的、旨在实现控制目标的过程。内部控制的目标是合理保证企业经营管理合法合规、资产安全、财务报告及相关信息真实完整，提高经营效率和效果，促进企业实现发展战略。"该内部控制内涵与《内部控制整合框架》一致，但是内部控制目标方面综合了《内部控制整合框架》与企业风险管理的内容，使得目标体系更为完整。战略目标是企业的最高层次目标，是企业愿景的体现。《基本规范》采用了《内部控制整合框架》的五要素：内部环境、风险评估、控制活动、信息与沟通、内部监督。此外，《基本规范》对这五个要素分别进行阐述，并予以具体化。《基本规范》构建了一个完整的内部控制框架体系（见图2.1）。

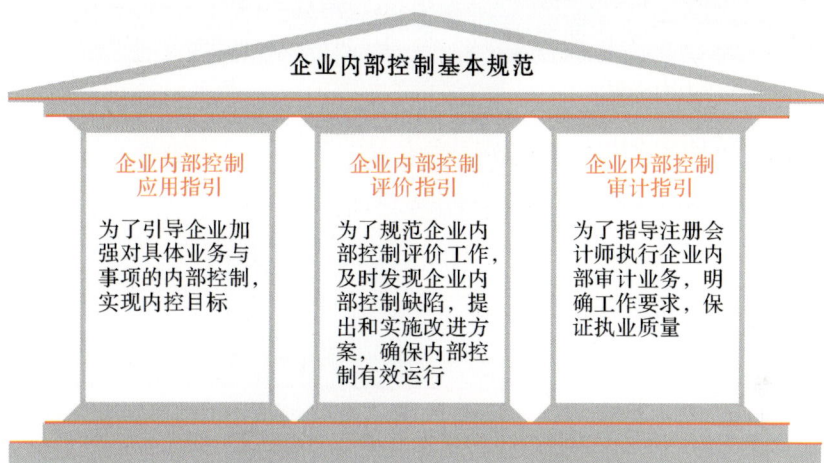

图2.1 中国企业内部控制框架体系

为了《基本规范》的有效实施，财政部、证监会、审计署、银监会、保监会于 2010 年 4 月 26 日进一步发布《企业内部控制应用指引》《企业内部控制评价指引》和《企业内部控制审计指引》这三个配套指引，分别从企业自身建立、评价内部控制以及审计师鉴证内部控制等方面进行细化和规范（见表2.1）。《基本规范》和三个配套指引的制定发布，标志着我国"以防范风险和控制舞弊为中心、以控制标准和评价标准为主体，结构合理、层次分明、衔接有序、防范科学、体系完备"的内部控制体系基本建成。该内部控制体系对国际内部控制体系进行了较大的扩展。

表2.1 企业内部控制配套指引

控制层面	控制要素 指引	控制要素					风险层面
		控制环境	风险评估	控制活动	信息与沟通	内部监督	
企业层面	No.1组织结构						系统风险
	No.2发展战略						

续表

控制层面	控制要素 指引	控制要素					风险层面
		控制环境	风险评估	控制活动	信息与沟通	内部监督	
企业层面	No.3人力资源						系统风险
	No.4社会责任						
	No.5企业文化						
业务层面	No.6资金活动						业务风险
	No.7采购业务						
	No.8资产管理						
	No.9销售业务						
	No.10研究与开发						
	No.11工程项目						
	No.12担保业务						
	No.13业务外包						
	No.15全面预算						
	No.16合同管理						
报告层面	No.14财务报告						报告风险
	No.17内部信息传递						
	No.18信息系统						
企业内部控制评价指引							全面风险
企业内部控制审计指引							

注：图中颜色越深表示指引与对应内控要素关联程度越高。

之所以将这一时期称为整合期，有两层含义：一是在萌芽期和探索期，内部控制内涵、目标、内容等多样化，行业及部门规范差异化，而这一阶段将其进行有机整合，逐渐形成了一套统一的体系；二是在该阶段，内部控制进一步结构化、体系化，形成了一套较为完善的内部控制体系。正如这两层含义，本阶段内部控制的第一个特征就是内部控制统一化、结构化、体系化。除此之外，整合期的内部控制还呈现出以下特点：其一，我国内部控制规范权威性提高。如，《基本规范》及其配套指引由财政部、证监会、审计署、银监会、保监会中央五部委联合制定发布，是具有权威的统一标准。其二，内部控制规范谨慎创新。我国在制定内部控制指引、规范时，并未照搬照抄西方制度，而是结合我国的实际情况进行了谨慎创新。COSO 在 1992 年提出的《内部控制整合框架》无论是从理论还是实践上，均经受住了时间的检验并得到广泛认可，我国最终采用该框架体系，但同时，也融合了企业风险管理的优点。其三，注重企业管理水平提升。SOX 法案重视内部控制建设及有效运行，但是其偏重财务报告相关的内部控制。而我国的企业内部控制体系，除提高财务质量、防范舞弊之外，还注重对企业管理水平的提升，防范风险。如，我国制定了《企业内部控制应用指引》的 18 个具体指引（见表 2.2），辅助企业建立内部控制，促进企业管理水平提高。

表2.2　企业内部控制应用指引

指引分类	具体指引
内部环境类指引	企业内部控制应用指引第 1 号——组织架构
	企业内部控制应用指引第 2 号——发展战略
	企业内部控制应用指引第 3 号——人力资源
	企业内部控制应用指引第 4 号——社会责任
	企业内部控制应用指引第 5 号——企业文化
控制活动类指引	企业内部控制应用指引第 6 号——资金活动
	企业内部控制应用指引第 7 号——采购业务
	企业内部控制应用指引第 8 号——资产管理
	企业内部控制应用指引第 9 号——销售业务
	企业内部控制应用指引第 10 号——研究与开发
	企业内部控制应用指引第 11 号——工程项目

续表

指引分类	具体指引
控制活动类指引	企业内部控制应用指引第 12 号——担保业务
	企业内部控制应用指引第 13 号——业务外包
	企业内部控制应用指引第 14 号——财务报告
控制手段类指引①	企业内部控制应用指引第 15 号——全面预算
	企业内部控制应用指引第 16 号——合同管理
	企业内部控制应用指引第 17 号——内部信息传递
	企业内部控制应用指引第 18 号——信息系统

注：①控制手段类指引偏重"工具"性质，往往涉及企业整体业务或管理。

第三节　内部控制理论基础

一、委托代理理论

委托—代理理论的提出最早可以追溯到 Berle 和 Means（1932）的研究，在《现代公司与私有产权》一文中，两位学者提出了著名的论断：大规模生产带来了企业规模的扩大和工业技术的广泛应用，企业财富的所有权变得较为分散，也就是说，拥有财富所有权的个人缺乏相应的控制权，而拥有财富控制权的个人却可能无法拥有所有权。上述有关"两权分离"的论断也成为著名的"伯利－米恩斯假说"，从另一个角度来说，两权分离带来了较多的"管理者控制"，管理者与企业所有者之间由于存在利益冲突，管理者会关注自身的利益而非企业所有者的利益，因此解决企业管理者和所有者之间的利益冲突成为公司治理的核心，这也成为委托—代理理论的雏形。

直到 1976 年，Jensen 和 Meckling（1976）将委托—代理理论应用到了金融学科中有关公司资本结构的研究，并开创性地提出了代理成本（agency cost）这

一概念。他们的经典研究强调了公司的委托人（通常是所有者）和代理人（通常
是管理人员）之间的契约问题，由于偏好的不同，所有权和控制权的分离可能会
导致代理成本的产生。当然，一个合乎逻辑的结论是，当企业的所有者与管理者
为同一个人时，代理成本将不复存在。然而在现实中，所有权和控制权合一的情
形并不会持续存在。代理人与委托人之间的信息不对称很有可能导致双方利益最
大化目标的背离，因此需要通过严密的监督或是签订合同等代理成本控制系统来
协调双方的利益，限制代理人的道德风险（Alchian and Demsetz，1972）、逆向
选择（Akerlof，1970）等"搭便车"的机会主义行为。事实上，个体是有限理性的，
他们在处理信息、识别和追求最优选择上的能力是有限的（Simon，1957），再
加上信息的不完善性与较高的信息获取成本，我们无法确定代理人是否发挥其全
部能力。因此，双方会通过签订不完全的契约来保证代理人的行为符合委托人的
意愿（Williamson，1975）（见图2.2）。

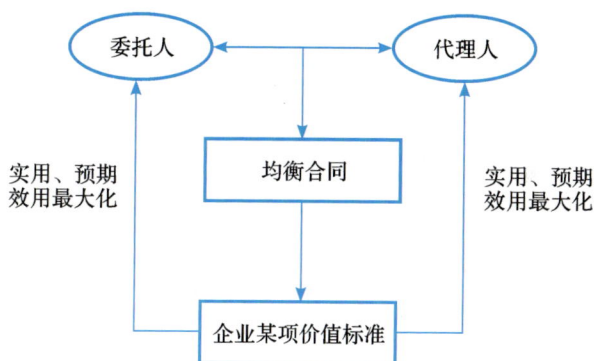

图2.2　委托代理理论

Fama 和 Jensen（1983a，1983b）扩展了 Jensen 和 Meckling（1976）的研究范
围，认为尽管所有权和管理权分离会产生代理威胁，但由此带来的管理效率的提
升可能会超过代理成本的增加，这些效率来自专业化程度的提升以及有效的风险
分担所产生的承担风险的意愿。Eisenhardt（1989）总结了委托—代理理论的七
个特征：第一，委托—代理理论的核心思想是了解代理关系中的代理威胁，而代
理威胁是委托人（如企业所有者）和代理人（经理人）互动过程中组织信息有效

性和风险承担成本的体现。第二，分析主体是委托人和代理人。第三，该理论在个人层面假设决策主体是自利、有限理性且风险规避的。第四，委托人（主要代表公司利益）和代理人（主要代表个人利益）的不同偏好和目标以及信息不对称会导致契约冲突，并成为该理论在组织层面的假设主体。第五，信息是可以购买和交易的。第六，委托人和代理人之间的信息不对称会导致道德风险和逆向选择问题。第七，委托人和代理人目标和风险偏好的不同会导致代理问题产生。

为了控制逆向选择问题的产生，委托人需承担更高的搜索和验证成本。为了控制道德风险问题的产生，委托人需将激励、惩罚以及协调管理过程等行为进行组合，以协调并监督代理人的行为。如果监控机制失效，便容易产生寻租空间，加剧双方的信息不对称程度。因此，为了减少管理者的各种不当行为，委托者往往通过制定制约、监控和激励机制，对双方利益进行协调，促使管理者能够站在委托人角度，最大化履行受托责任。内部控制制度通过在企业内部建立行为准则和规章制度，促使代理关系保持动态平衡，有效解决逆向选择问题和遏制道德风险。

二、信息不对称理论

随着市场交易活动逐渐频繁，交易双方在大量的市场交易中，很难保证双方掌握的信息是相同的。大多数情况下这些信息都是存在相对差异的，而且一般情况下卖方掌握的信息更多。买方却由于缺乏信息资源处于劣势，这便是信息不对称造成的后果。三位美国著名经济学家最早发现市场这一现象并提出了信息不对称理论。随后在 20 世纪 70 年代，在《柠檬市场》中，阿克洛夫对信息不对称理论进行了细致的阐述。他指出在市场交易中，信息不对称的存在使得逆向选择和道德风险发生的可能性增大。其中逆向选择是指，由于普遍存在的信息不对称情况，消费者偏向于选择劣质品，而排斥优质品，使得市场中物品交易的平均水平大大降低，产品质量下降；道德风险则是指，由于信息不对称，进行市场交易的一方可能会面临另一方的道德风险，如突然取消交易、改变交易条件等，从而利益受损，给生产经营活动带来极大的风险。

在资本市场中，公司内部控制存在缺陷可能会造成上市公司和投资者之间信息不对称情况的出现，最终容易引发逆向选择和道德风险问题。首先，上市公司的内部控制缺陷，对其来说属于负面信息，公司一旦披露出内部控制存在缺陷，就会使得投资者认为其管理体系和经营过程均有可能出现问题，从而放弃对该企业的进一步投资。因此，企业在面临这种情形时，在自愿披露体系之下，往往会避免披露其内部控制存在缺陷的信息，使得投资者无从知晓企业内部控制是否存在缺陷，也就无法对这两类企业进行分辨。此时便使得市场上出现逆向选择问题，导致投资者忽略那些内部控制体系良好的企业，带来双方的利益损失。其次，由于当前市场上实行自愿披露体系，因此企业为了自身利益，往往趋向于选择规避披露内控缺陷信息而逃避市场监管，带来道德风险问题。

因此，一方面，内部控制缺陷信息的强制性披露体系的推行，在一定程度上消除了企业信息不对称情况，使得上市公司必须进行此类信息的披露。另一方面，高质量内部控制本身既有助于提高财务信息的真实可靠性，又有助于提高信息沟通的及时有效性，能够改善财务报告质量（Doyle et al.，2007a；Ashbaugh-Skaife et al.，2008），提高信息披露透明度，最终降低逆向选择和道德风险发生的可能性。

第四节　内部控制研究进展

自从 2002 年 SOX 法案颁布后，内部控制成为会计实证研究领域的一个热点课题。这主要得益于两个方面：一方面，21 世纪初的安然和世通等一系列财务丑闻发生后，实务界和学术界均开始重视企业内部控制对保护投资者的作用。SOX 法案的颁布推动了世界范围内的公司治理改革，内部控制建设及其披露成为重中之重。另一方面，SOX 302 条款要求管理层评价内部控制，报告内部控制有效性的结论以及内部控制的重大变化。而 SOX 404 条款更为严格，SOX 404（a）要求公司提交管理者的内部控制自评报告，同时 SOX 404（b）还要求审计师对管理者的内部控制报告进行鉴证。[①] 由此，SOX 法案的颁布与实施，增加了企业内部控制信息的披露，从而为内部控制学术研究提供了更多数据支持。[②]

    中美两国在内部控制目标导向上存在较大差异。在安然、世通等一系列重大财务舞弊丑闻的"倒逼"下，美国联邦政府于 2002 年颁布了《萨班斯－奥克斯利法案》（SOX 法案），明确提出内部控制自我评价和内部控制独立审计的要求，并将范畴限定在财务报告内部控制；在大量企业（海外）经营失败的冲击下，我国于 2008 年由财政部、审计署、证监会、银监会和保监会联合发布了《企业内部控制基本规范》，随后发布内部控制的三大指引，范围涵盖财务报告内部控制和非财务报告内部控制。简单来说，美国是以合理保证财务报告可靠性为核心的"财务报告导向"，而中国则是以最终促进企业实现发展战略为核心的"经营管

---

① 美国 2002 年 7 月 30 日颁布的 SOX 法案对公司内部控制作出规定：SOX 302 条款要求管理层评价内部控制，报告内部控制有效性的结论。美国证券交易委员会（SEC）将此处内部控制称为"披露控制和程序"（disclosure controls and procedures），定义为为了保证按照证券交易法在编制呈报报告中应披露的信息能够在规定的期间记录、处理、归总和报告，公司设计的控制和其他程序。SOX 302 和 SEC 均未明确管理者评价内部控制的程序，也不要求审计师对内部控制进行审计。故在 302 条款下管理者披露内部控制缺陷时具有较大自酌权（Ashbaugh-Skaife et al.，2007）。而 SOX 404 条款更为严格，404（a）要求公司提交管理者的内部控制自评报告，同时 404（b）还要求审计师对管理者的内部控制报告进行鉴证。AS5 要求审计师仅对财务报告内部控制的有效性出具审计意见。AS2（后被 AS5 取代）将内部控制问题分为三类：控制缺陷、重大缺陷和实质性漏洞。重大缺陷和实质性漏洞均为内部控制设计或执行中的缺陷，但是重大缺陷比实质性漏洞严重程度轻，SOX 404 条款要求上市公司披露实质性漏洞，但未对重大缺陷提出要求。如果公司的内部控制存在一个或多个实质性漏洞，审计师应该出具否定的内部控制评价意见。

② 当然，现有内部控制实证研究主要依据 SOX 法案披露的内部控制信息进行研究，但是也有不是采用该数据信息进行研究的。如：Krishnan（2005）基于变更审计师时披露内部控制信息进行研究。《审计准则公告第 60 号——审计师对审计过程中关注到的内部控制结构相关事项的沟通》（SAS NO.60）要求，如果审计师察觉到被审计单位的内部控制缺陷，称为"应报告情况"，应该与审计委员会或类似权力机构沟通该事项。内部控制缺陷的严重程度可以分为"应报告情况"和"实质性漏洞"。前者为内部控制设计或执行上的重大缺陷，该缺陷可能会使得管理者在财务报告中申明的公司记录、处理和报告财务信息的能力受到不利影响。后者也是一种"可报告情况"，在这种"可报告情况"下，一个或多个内部控制要素在设计或运行上，无法将错误或舞弊导致的财务重大错报风险降低到较低水平，该错报无法在正常运营期间由执行指定职能的员工及时发现。公司在更换审计师时，需要在 8-K 表中披露在前两年是否发生"应报告情况"，若存在则需说明其性质。

理导向"。

由于局限于财务报告内部控制，美国学术界采用"财务报告内部控制—会计信息质量—代理成本与信息不对称及其衍生后果"这一范式来探讨内部控制的经济后果。然而，我国采用的是立足管理各类风险的全面型内部控制，并不局限于财务报告。因此，下面我们分别对国外和国内的内部控制研究进行回顾。

一、国外研究综述

国外内部控制研究基本上兴起于 2005 年，2007 年后形成热潮。原因在于：对于大型企业（accelerated filers，企业对外发行股票的总市值至少为 7500 万美元），SOX 404 条款于 2004 年 11 月 15 日开始生效。

（一）内部控制经济后果研究

由于财务报告目标是内部控制的核心目标之一，并且 SOX 法案侧重财务报告内部控制，因此大量研究探讨了内部控制对企业财务信息质量的影响。随着研究的不断拓展，学者们还研究了内部控制对经营效率效果、风险管理和企业融资等方面的影响。

1. 内部控制与财务信息质量研究

诸多学者对内部控制与财务信息质量之间的关系进行了大量研究（Doyle et al.，2007a；Ashbaugh-Skaife et al.，2008）。现有结果表明，内部控制质量越高，财务信息质量越高。Doyle 等（2007a）以及 Arping 和 Sautner（2013）发现，存在内控缺陷的企业具有较低的盈余质量以及盈余持续性、更多的财务重述以及较低的财务报告信息含量。Lu 等（2011）研究表明，内部控制质量与应计质量正相关。Ashbaugh-Skaife 等（2008）证实了应计质量随着内部控制质量的改善而提高。Chen 等（2017）的研究表明，内部控制质量越高，盈余反应系数越大，作者还进一步研究了内部控制五要素的影响。Goh 和 Li（2011）从稳健性角度进行分析，结果表明，内部控制质量与稳健性呈正相关。Feng 等（2009）则从内部信息质量角度，考察了内部控制与管理层预测之间的关系，结果表明，内部控制质量越好的公司，管理层业绩预测越准确。

2. 内部控制与经营效率效果研究

在内部控制与经营效率效果方面，近年来，学者们逐渐关注到内部控制对企业经营及决策行为的影响，这些研究为内部控制经营效率效果目标提供了经验证据。主要涉及内部控制对以下方面的影响：投资决策和投资效率（Cheng et al.，2013）、并购绩效（Caplan et al.，2018；Nancy and Beau，2018；Harp and Barnes，2018；Darrough et al.，2018；Chen et al.，2020）、企业创新（Bargeron et al.，2010；Chan et al.，2021）、运营效率（Cheng et al.，2018）、存货管理效率（Feng et al.，2015）、现金持有（Chen et al.，2020）、高管薪酬（Hoitash et al.，2012）、大股东资金占用（Ashbaugh-Skaife et al.，2013；Ge et al.，2021）、避税行为（Chen et al.，2020）、资源分配效率（D'Meilo et al.，2017）等。此外，Bauer 等（2018）基于信息传递视角，发现供应商的内部控制缺陷将导致供应链关系终结。

3. 内部控制与企业风险研究

现有文献对内部控制与公司风险的关系进行了研究。Doyle 等（2007a）分析认为，内部控制通过完善的风险评估和响应程序等管理制度，可以有效地预防和降低企业风险。大样本经验研究主要涉及公司的特质风险（Ogneva et al.，2007；Ashbaugh-Skaife et al.，2009）、固有风险和信息风险（Hogan et al.，2008）以及系统风险（Ashbaugh-Skaife et al.，2009; Ogneva et al.，2007）。此外，Lobo 等（2017）和 Chen 等（2017）的研究表明，高质量内部控制有助于降低股价崩盘风险。

4. 内部控制与资本成本研究

现有研究对内部控制缺陷与资本成本之间的关系存在争议。例如：Ashbaugh-Skaife 等（2009）发现，存在内部控制缺陷的公司资本成本更高。而Ogneva 等（2007）发现，内部控制缺陷并不能直接致使资本成本上升。Kim 等（2011）的研究表明，内部控制缺陷会带来更高的银行贷款利率。

（二）内部控制影响因素研究

学者们在内部控制影响因素研究方面取得了丰硕成果，揭示了公司内外部诸多因素对内部控制产生的影响。国际上关于内部控制外部影响因素的研究较少。Kanagaretnam 等（2016）通过跨国分析检验了国家文化对内部控制缺陷的影响。影响内部控制的内部因素主要与公司特征和公司治理相关。在公司特征方面，学者们发现内部控制受公司规模、业务复杂程度、公司业绩、经营时间、融资需求、财务风险、并购重组、企业文化、管理层的诚信和道德价值观、亲缘关系、成长周期等因素的影响。例如：Ashbaugh-Skaife 等（2008）发现，经营复杂性、经营范围、组织变动、会计应用风险（如公司存货越多面临存货计量的内部控制风险越大）和内部控制资源均会对公司的内部控制产生影响。Doyle 等（2007b）则发现，内控薄弱环节的存在与企业规模、企业年龄、财务状况和成长性成反比，而与企业的复杂程度成正比。Lin 等（2011）认为，内部审计与内部控制相辅相成，内部审计质量的提升能够降低内部控制重大缺陷发生的可能性。

在公司治理方面，国外学者围绕董事会、股东及管理层等方面展开研究。现有研究结果表明，公司内部控制质量受治理机制健全程度、董事会及其下设委员会、审计委员会独立性与专长、审计委员会与审计师关系、审计委员会规模及成员构成、股东和控制权等方面影响（Krishnan，2005；Abbott et al.，2007；Naiker and Sharma，2009；Hoitash et al.，2009）。例如：Johnstone 等（2011）研究发现，董事会、审计委员会和管理层成员的变化以及公司治理的好坏与内部控制密切相关。Krishnan（2005）认为，审计委员会独立性和具有财务专长的委员数量的增加显著降低了内部控制缺陷的概率。Hoitash 等（2009）发现，更多的审计委员会成员具有会计或监管经验能够降低公司存在内部控制重大缺陷的可能性。在管理层层面，现有研究表明，内部控制质量受管理层背景特征、管理层能力、高管激励、政治联系、管理层与治理层关系以及内部人控制等方面影响（Li et al.，2010；Balsam et al.，2014）。同时，内部控制受到董事会、经理层和其他人员的影响。除了董监高（上市公司董事、监事和高级管理人员），Guo 等（2016）还进一步研究了公司员工对内部控制的影响。

（三）内部控制管制效应研究

对于内部控制管制，学者们主要对《联邦存款保险公司改进法案》（FDICIA）、SOX 法案和内部控制审计准则的效应进行了分析。20 世纪 80 年代发生的美国储贷业危机催生了 FDICIA，其要求资产超过 5 亿美元的大银行需提供内部控制报告，并要经过审计师的鉴证。Altamuro 和 Beatty（2010）研究发现，FDICIA 使银行业的坏账准备的有效性、盈利的持续性、现金流的可预测性等方面有所改善，内控的强制披露也提高了银行的财务报告质量。

对 21 世纪初颁布的 SOX 法案的经济后果，学者们进行了检验。Bargeron 等（2010）发现，SOX 法案颁布后，相比英国或加拿大的上市公司，美国的上市公司更加规避风险。Costello 和 Wittenberg-Moerman（2011）发现，披露内部控制缺陷提高了债务契约的效率。Patterson 和 Smith（2007）利用贝叶斯法则模拟管理层与审计师的行动选择，发现 SOX 法案提高了企业内部控制质量并且减少了舞弊行为，但是它并没有提高审计师内部控制测试水平，他们的模型表明，审计风险反而提高了。Cohen 等（2010）从审计师视角研究发现，SOX 法案实施后公司治理环境得到改善，表明游说降低 SOX 法案标准可能会弱化公共利益的保护。目前，管制的成本和效益尚存争议。Zhang 等（2007）发现，美国公司在 SOX 法案颁布之后经历了一个显著的负的超额累计回报率，原因在于企业执行 SOX 法案成本过于高昂；而 SOX 404 条款适用时间的推迟有利于中小企业适应该条款。SOX 404 条款高昂的执行成本已经影响了公司的财务决策。Engel 等（2007）发现，SOX 法案颁布之后，由于巨大的执行成本，企业采取私人募股的趋势大大加剧。Hartman（2007）研究发现，小规模公司、中等规模公司和大规模公司的平均审计费用在 2001—2006 年间均显著增加。Kinney 和 Shepardson（2011）巧妙地利用内部控制审计管制对象及时间的不同，来研究 SOX 404（b）是否有效。经验证据表明，实行 SOX 404（b）的公司披露内部控制缺陷显著增加，而只是披露管理者内部控制自评报告而豁免内部控制审计的公司披露内部控制缺陷也类似程度地增加。但是，从成本角度来看，前者的审计费用远远高于后者。从而支持观点：管理者内部控制自我评价与传统的财务审计结合比 SOX 404（b）要求的内部控制审计成本更加有效。与 Kinney 和 Shepardson（2011）不同，Bedard 和 Graham（2011）从事务所获得非公开的内部控制缺陷数据，使得他们的研究可以更加细致深入。结果表明，大部分内部控制缺陷是在审计师内部控制测试中发现的，并且审计客户倾向低估内控缺陷的严重性，而审计师往往对其进行修正。故他们从检测发现和判断严重性两个角度支持 SOX 404 条款。加拿大公司只需在管理者讨论与分析中披露内部控制缺陷，而这些披露无须管理者证实保证，也无须外部审计师鉴证。Lu 等（2011）从内部控制缺陷、外部审计和应计质量角度对这种制度进行研究，结果表明，加拿大内部控制披露具有可信性，而内部控制与外部审计的替代作用（如内部控制越薄弱时审计师测试越多）有限，由此支持加拿大现有政策，反对内部控制鉴证。

学者对内部控制审计准则也进行了研究。Krishnan 和 Song（2011）研究表明，实施 AS5 前两年比 AS2 实施的最后一年审计费用下降。但是只有复杂的公司节省了审计费用。Doogar 等（2010）利用 AS5 替代 AS2 这个难得的机会来研究可能存在的过度管制。①

二、国内研究综述

早期，国内研究多采用规范范式，研究内部控制基本理论并探索内部控制在我国的具体应用。随着我国《基本规范》及其配套指引的发布与实施，内部控制信息披露逐渐增多。例如：《基本规范》第四十六条规定："企业应当结合内部监督情况,定期对内部控制的有效性进行自我评价,出具内部控制自我评价报告。"根据财政部等五部门《关于印发〈企业内部控制基本规范〉的通知》，执行该规范的上市公司应当对其公司内部控制的有效性进行自我评价，披露年度自我评价报告，并可聘请具有证券、期货业务资格的会计师事务所对内部控制的有效性进

---

① AS2 和 AS5 均为内部控制审计准则，但是相对于 AS2，AS5 采用了更加灵活的自上而下的风险导向审计方法，并且鼓励审计师运用职业判断来评价审计客户的重大错报风险，将精力集中于风险高的环节。

行审计。根据《关于印发企业内部控制配套指引的通知》，该内部控制规范体系
自 2011 年 1 月 1 日起在境内外同时上市的公司施行；自 2012 年 1 月 1 日起在上
交所、深交所主板上市公司施行；择机在中小板和创业板上市公司施行，同时鼓
励非上市大中型企业提前执行。并且，该通知要求执行的上市公司"应当对内部
控制的有效性进行自我评价，披露年度自我评价报告，同时应当聘请会计师事务
所对财务报告内部控制的有效性进行审计并出具审计报告"。随着内部控制制度
不断实施与推进，执行的场景和内部控制信息披露均不断增多，催生了我国内部
控制实证研究的蓬勃发展。

（一）内部控制规范研究

我国早期研究对内部控制从内部牵制、内部控制制度到内部控制结构的演
进进行了梳理（徐政旦等，1992；朱荣恩和徐建新，1996；刘宗柳和陈汉文，
2000）。随后开始引入或借鉴 COSO 的内部控制框架体系（刘宗柳和陈汉文，
2000；吴水澎等，2000a；吴水澎等，2000b；朱荣恩，2001），并发展新的体系
如三维系统观（谷祺和张相洲，2003）。学者们研究视角多样，分别从控制论（吴
水澎等，2000a）、系统论和新制度经济学（刘明辉和张宜霞，2002）、三维系
统（谷祺和张相洲，2003）、价值创造导向（李心合，2007），从权力控制到信
息观（杨雄胜，2006）等多角度对内部控制进行了深入分析。随着我国内部控制
研究不断深化，研究范围越来越广，研究内容涉及内部控制性质与目标（杨雄
胜，2006；谢志华，2009）、内部控制环境（陈汉文等，2005；丁瑞玲和王允平，
2005；潘琰和郑仙萍，2008）、内部控制监督评价（朱荣恩等，2003；陈汉文和
张宜霞，2008；韩洪灵等，2009）、内部控制及审计（陈汉文等，2001；方红星，
2002；袁敏，2008）、内部控制信息化（王海林，2008，2009；骆良彬和张白，
2008；吴炎太等，2009）、内部控制效率（徐习兵和王永海，2013）、内部控制
制度变迁（施先旺，2008）、内部控制信息披露（张立民等，2003；李明辉等，
2003；杨玉凤，2007；杨有红和陈凌云，2009）、政府内部控制（刘玉廷和王宏，
2008）以及商业银行内部控制（瞿旭等，2009；何玉，2009）等方面。

（二）内部控制经济后果研究

国内学者对内部控制与财务信息质量之间的关系进行了大量研究，代表性文献包括：陈汉文和董望（2010）、方红星和金玉娜（2011）、张龙平等（2010）、董望和陈汉文（2011）、叶建芳等（2012）、肖华和张国清（2013）、范经华（2013）、李虹和田马飞（2015）、董望等（2017）、宫义飞和谢元芳（2018）等。现有结果表明，内部控制质量越高，财务信息质量越高。

在内部控制与经营效率效果方面，近年来，国内学者们主要涉及内部控制对以下方面的影响：投资决策和投资效率（李万福等，2011；方红星和金玉娜，2013；张超和刘星，2015；周中胜等，2017）、并购绩效（赵息和张西栓，2013）、企业创新（陈红等，2018）、运营效率（杨旭东，2019）、现金持有（张会丽和吴有红，2014）、预算执行偏差（刘浩等，2015）、董监高机会主义减持行为（陈作华和方红星，2019）、高管薪酬（卢锐等，2011；陈晓珊和刘洪铎，2019）、大股东资金占用（杨德明等，2009）、对外担保行为（宋迪等，2019）、避税行为（李万福和陈晖丽，2012；陈骏和徐玉德，2015；王茂林和黄京菁，2018）、纳税诚信（周美华等，2019）、产品市场竞争（张传财和陈汉文，2017）、企业战略行为（杨德明和史亚雅，2018）、可持续发展能力（杨旭东等，2018）等。此外，张继勋和何亚南（2013）则采用实验研究的方式从投资者感知的角度探究了内部控制对于投资者投资决策的影响。毛新述和孟杰（2013）以及周美华等（2016）考察了内部控制质量对合规目标的影响。郑莉莉和刘晨（2021）的研究发现，提高内部控制质量能够降低疫情对企业绩效的不利影响。

在内部控制与公司风险的关系方面，国内学者也主要涉及特质性风险和系统风险（方红星和陈作华，2015）、公司的诉讼和违规风险（单华军，2010；毛新述和孟杰，2013；杨道广和陈汉文，2015）、汇率风险（陈汉文和杨晴贺，2021）等。研究结果表明，存在内部控制缺陷的公司所面临的风险较高，而高质量内部控制能够降低公司风险。

在内部控制与资本成本的关系方面。郑军等（2013）发现，相对于内控质量较低的企业，内控质量较高的企业能获得更多的商业信用融资。程小可等（2013）

以及顾奋玲和解角羊（2018）发现，高水平内部控制可以有效缓解企业所面临的融资约束问题。陈汉文和周中胜（2014）、林钟高和丁茂桓（2017）发现，高质量内部控制能够降低债务融资成本。敖小波等（2017）证实了内部控制质量能够提升公司的债务信用评级。查剑秋等（2009）、肖华和张国清（2013）、王爱群等（2015）以及李志斌等（2020）则为内部控制与企业价值的关系提供了经验证据。

（三）内部控制影响因素研究

1. 内部影响因素研究

我国学者在内部控制影响因素研究方面取得了丰硕成果。与国外研究类似，影响内部控制的因素主要与公司特征和公司治理相关。在公司特征方面，学者们发现内部控制受公司规模、业务复杂程度、公司业绩等因素的影响（田高良等，2010；张颖和郑洪涛，2010；张继德等，2013；胡明霞和干胜道，2018）。除了以上因素，也有学者进行了相关的拓展研究。例如：张颖和郑洪涛（2010）发现企业的发展阶段、内审机构运行效率、股权集中度、企业文化以及管理层的诚信和道德价值观等因素均对企业内部控制质量产生显著影响。胡明霞和干胜道（2018）发现，家族企业不同发展阶段的内部控制质量存在差异。

在公司治理方面，我国学者同样围绕董事会、股东及管理层等方面展开研究。研究结果表明，公司内部控制质量受治理机制健全程度、董事会及其下设委员会、审计委员会独立性与专长、审计委员会与审计师关系、审计委员会规模及成员构成、股东和控制权等方面影响（张砚和杨雄胜，2007；刘焱和姚海鑫，2014；邵春燕等，2015；向锐等，2017；余海宗等，2019；周泽将等，2020）。例如：余海宗等（2019）发现，保险资金作为前十大股东参与治理能够显著提升公司的内部控制质量。在管理层层面，现有研究表明，内部控制质量受管理层背景特征、管理层能力、高管激励、政治联系、管理层与治理层关系以及内部人控制等方面影响（逯东等，2013；池国华等，2014；余海宗和吴艳玲，2015；许宁宁，2017；俞俊利等，2018；徐玉德等，2021）。

2. 外部影响因素研究

诸多外部因素会影响公司的内部控制，例如文化、法规等。刘启亮等（2012）研究发现，上市公司所在地区的市场化程度越高、政府对经济的干预程度越低，公司的内部控制质量越高。逯东等（2015）发现，网络与政策导向的媒体关注能够提升内部控制质量，而市场导向的媒体则影响有限。张传财和陈汉文（2017）研究发现，产品市场竞争对内部控制质量具有显著影响，产品市场竞争越激烈，企业内部控制质量越高。唐大鹏等（2017）以十八届中央巡视工作为切入点，发现党的巡视工作能够提升单位对内部控制建设的关注度。张志远等（2019）发现，完善公司信用体系建设、降低审计成本、建立吹哨者保护制度可以提高公司内部控制质量。池国华等（2019）的实证结果表明，政府审计可以有效提高中央企业控股上市公司内部控制质量，降低企业出现内部控制缺陷的概率，减少企业内部控制缺陷数量。曹越等（2020）研究了"国企混改"对公司内部控制质量的影响及其作用机制。

（四）内部控制评价研究

有效的内部控制评价是内部控制有效实施的一项重要且必要的常规性活动和制度性安排。随着 2010 年我国企业内部控制规范体系的基本建立，如何结合自身情况实施内部控制就成为当前我国上市公司和非上市大中型企业所面临的一项重大而迫切的课题。然而，如果企业无法通过评价了解其内部控制缺陷所在，那么就难以采取针对性的措施对现行内部控制体系进行整改；即便设计并运行了内部控制制度，如果缺乏持续改善的内部控制评价，那么内部控制制度的作用发挥也会受到限制。因此，只有合理构建并正确应用内部控制评价系统，才能不断地促进企业内部控制体系的有效实施与持续改进。

目前，在世界范围内学术研究中使用的内部控制有效性评价方法主要有以下两种形式。

1. 以内部控制重大缺陷为依据的有效性评价

通过对内部控制重大缺陷的甄别，对内部控制有效性进行定性研究，该方法未能实现定量的分析。Doyle 和 Kim（2011）等以公司是否自愿披露内部控制重大缺陷为依据，当公司的内部控制不存在重大缺陷时赋值为 1，否则为 0。该方法根据企业自行披露的结果来衡量内部控制的有效性。但是该方法使用离散型的变量，不能进行精确化的定量研究，缺乏量化的内部控制评价体系。王东升和吴秋生（2015）也根据内部控制是否披露存在重大缺陷为依据判断企业内部控制的有效性，如果披露的内部控制存在重大缺陷，表明企业的内部控制是无效的；如果披露的内部控制存在重要缺陷，表明企业的内部控制基本有效；而当企业披露的内部控制是一般缺陷和零缺陷时，说明企业实行的内部控制是有效的。所以一家企业自行披露的内部控制缺陷状况在一定程度上可以代表企业的内部控制执行效果，但是该方法同样不能进行定量的分析和研究。

方红星和张志平（2012）在进行内部控制有效性的评价时，也使用了企业内部控制缺陷的披露情况进行评定，当企业的内部控制为低质量时取值为 –1，如果属于中等质量则取值为 0，当企业的内部控制相比于其他企业属于高质量时则赋值为 1。但是该方法中对内部控制有效性的衡量使用的是离散型变量，所以不能构建定量的评价体系。陈丽蓉和周曙光（2010）以内部控制执行情况为衡量标准对内部控制执行情况进行打分，符合这些标准的赋值 1 分，否则 0 分，通过打分结果来评价企业内部控制有效性水平。李万福等（2011）详细查询了公司的自查报告和整改计划，并把收集到的内部控制缺陷相关数据按照内部控制的五大要素进行归类，并且按照公司很可能存在重大缺陷的业务环节划分为 15 个指标。如果该指标得到认定，则企业存在重大缺陷时赋值为 1，否则为 0。离散型变量的使用使得该方法不能进行定量研究。

2. 以内部控制目标为依据的有效性评价研究

这部分研究主要从经营目标、战略目标、合规目标、资产保全目标和财务目标等五个方面出发，将其作为主要的计量指标，通过选取相对应的指标进行计算或者采用调查问卷的方法，对内部控制的有效性进行评价，不同的计算方法得到的内部控制有效性结果也存在一定的差异。

郭泽光等（2015）、张正勇和谢金（2016）以经营目标、战略目标、合规目标、资产保全目标和财务目标建立内部控制有效性评价指标，将指标直接相加后发现，当内部控制的执行能够达成以上五个目标时，该内部控制便是有效的。但是该种评价指标忽略了指标的量纲以及不同目标之间重要性的差异，使得其评价缺乏一定的有效性。张旺峰等（2011）也以上述五个目标作为内部控制有效性的评价指标，依据指标权重的计算，采用主成分分析法对内部控制有效性进行评定。该内部控制有效性评价方法加入了量化思维，但是对于权重和标准的评定未能考虑主观赋权。张颖和郑洪涛（2010）采用问卷调查法，并使用李克特五级量表，以内部控制五大目标的实现保证程度为标准，对我国上市公司内部控制有效性水平进行赋值打分，从而研究我国企业目前内部控制的执行效果及影响内部控制有效性的因素。

中国上市公司内部控制指数研究课题组在 2012 年设计了内部控制有效性衡量指数，其设计依据主要是将内部控制五大目标的实现保证程度作为基本框架。该指数包括两种，即分别由内部控制目标指数形成的基本指数和内部控制目标的修正指数构成，对于不同的内部控制目标，均设计了不同的指数予以衡量，如采用市场占有率变量、风险系数变量衡量战略性目标指数变量；用投资资本回报率变量、净利润率变量衡量经营性目标指数变量；用审计意见变量、财务重述变量衡量报告性目标指数变量；用违法违规变量、诉讼事项变量衡量合规性目标指数变量；用资产保值增值变量衡量资产安全性目标指数变量。尚兆燕和扈唤（2016）采用该内部控制指数对内部控制质量进行衡量，进一步判断企业内部控制是否存在缺陷。储成兵（2013）主要研究金字塔股权结构以及现金流权和股权的分离程度对内部控制有效性的影响，在评定内部控制有效性时，以经营目标、战略目标、合规目标和财务目标建立评标指标依据，采用调查问卷的方式，调查问卷中采用李克特五级量表打分的方法，并对调查结果进行权变综合评价法赋权，评定内部控制执行的效果。该评价方法主要依据调查问卷的结果，具有一定的主观性，并且指标维度不够全面。

3. 内部控制评价研究综述

上述评价方法的存在为我们构建适合中国上市公司的内部控制评价模型提供

了重要参考。但是，在我们看来，现有的内部控制有效性评价体系存在不完善之处。

第一，以内部控制重大缺陷为依据的有效性评价。其弊端在于：一方面，未披露缺陷并非表明内部控制是有效的，存在缺陷但未自愿披露或（和）未被审计师发现的情形不在少数（Rice and Weber，2012）；另一方面，即使未披露缺陷确实代表不存在缺陷，但不存在缺陷的企业间内部控制有效性程度存在较大差异（Chen et al.，2017）。其次，评价范围过窄，与现实需求存在落差（Chen et al.，2018）。对外披露财务报告是上市公司对投资者应尽的责任与义务，但这并非企业的最终使命和价值根源。相应地，投资者需要评估的是企业整体的内部控制，而不仅限于财务报告内部控制。虽然《企业内部控制审计指引》要求审计师在财务报告内部控制审计报告中披露在财务报告内部控制审计过程中发现的非财务报告内部控制重大缺陷，但审计师的主要责任毕竟还是发现并披露财务报告内部控制缺陷。最后，内部控制缺陷的披露具有滞后性。自评报告和审计报告中指出的内部控制缺陷均是缺陷累积到一定程度后被发现的，在此之前投资者无从判断。

第二，以内部控制目标为依据的有效性评价研究不如基于"过程观"的可取。基于"目标观"的内部控制指数构建理念是指以内部控制五大目标的实现程度倒推企业的内部控制质量。而基于"过程观"的内部控制指数构建理念是指以企业内部控制制度（五大要素的有机整体）的建立健全性和执行有效性来衡量企业的内部控制质量。首先，"过程观"更契合内部控制评价与审计的要求。在COSO（1992）、《企业内部控制评价指引》、《企业内部控制审计指引》以及《审计准则》的控制测试部分，内部控制均被分解为"建立健全性"和"执行有效性"两个方面。前者是指企业是否建立了全面的内部控制制度，后者是指企业已建立的内部控制制度是否得到了有效执行。与此一致，COSO（2004）也指出，判断一个实体的风险管理是否有效应基于对风险管理八要素是否存在以及是否有效运行的评估结果（陈汉文和张宜霞，2008）。显然，"过程观"更加符合规范文件中对内部控制有效性的界定，更契合内部控制评价与审计的要求。其次，"过程观"更符合内部控制对企业目标的实现程度。内部控制并非"万灵药",只能为企业目标的实现程度提供合理保证。这意味着,有效的内部控制并不能保证企业一定能够实现五大目标。换言之,有效的内部控制并非实现五大目标的充分条件。若在"目标观"的指导下根据五大目标的实现程度推测内部控制质量,则隐含一个假设——内部控制能够为五大目标的实现程度提供绝对保证。显然,这与内部控制的功能定位是相悖的。从现实情况来看,这一弊端更为明显。比如,一家企业的市场占有率和净利润均较高,很可能是由其所处行业的垄断性所形成的,与其自身的内部控制水平高低无关。再次,基于"过程观"构建的指数具有更广泛的实证应用价值。近年来,国内外关于内部控制的实证研究重心已由内部控制有效性的影响因素转移至内部控制的经济后果。有关经济后果的研究主要检验内部控制对企业会计信息质量、融资成本、代理问题、经营效率与效果、企业价值等的影响。由于基于"目标观"构建的内部控制指数在指标体系中已包含了这些结果性(或目标类)指标,若在实证中以该指数衡量内部控制质量,则会导致实证结果的机械相关性。比如,实证检验内部控制与应计质量之间的关系时,作为主检验变量的内部控制中已包含了盈余质量指标,因此最终发现的实证结果很可能是由指标本身的强相关性所导致的。最后,基于"过程观"构建的指数具有更广泛的实践应用价值。本质上,基于"目标观"构建的内部控制指数在很大程度上实际衡量了企业的综合实力。就此而言,对于投资者的投资决策具有一定的参考价值。但通过该指数无法找出企业内部控制的具体薄弱环节,因此对其改进自身内部控制的作用十分有限。基于"过程观"构建的内部控制指数在这两个方面均能发挥重要作用:一方面,综合性的指数得分或排名对包括投资者在内的广泛利益相关者具有一定的决策参考价值;另一方面,通过该指数可了解企业内部控制的具体薄弱环节,进而有助于有针对性地进行改进。

第三章

内部控制指数评价方法体系的构建

第一节　内部控制评价指标体系

　　围绕上市公司内部控制的评价问题，我们立足于"过程观"的内部控制指数构建理念，以企业内部控制制度（五大要素的有机整体）的建立健全性和执行有效性来衡量企业的内部控制质量，基于 AHP 层次分析法开发上市公司内部控制指数（Internal Control Index，简称 ICI）。通过编制与发布中国上市公司内部控制指数，一是有助于帮助监管部门及时跟踪和评价上市公司内部控制现状，加强上市公司引导与监管，制定相应方案与政策，促进公司内部控制提升，防范重大风险，推动资本市场的完善与发展，保障企业和经济高质量发展；二是有助于指导上市公司发现自身管理漏洞，查找、分析内部控制缺陷并有针对性地落实整改，进而倡导良好的内部控制文化，强化内控保障，促进上市公司持续改进内部控制，进一步提高上市公司质量，为公司持续健康发展提供保障；三是能够为资本市场提供新的、有用的增量信息，从而有助于为上市公司投资者、债权人等利益相关者提供决策依据，提高决策有效性；四是有助于为学术界提供内部控制量化评价方法，提升内部控制研究水平。

　　根据我国企业内部控制实际情况，我们确立内部控制评价系统的以下设置原则。

　　第一，全面性。内部控制评价系统既要全面反映被测评对象的总体内部控制状况，又要反映内部环境、风险评估、控制活动、信息与沟通和内部监督等具体内控要素的基本情况；既要考虑企业内部控制的基本影响因素，又要考虑信息生态环境对内部控制有效性的影响。

第二，系统性。内部控制评价系统的设计应当从整体上考虑指标之间的相互关系，使全体内部控制指数指标既不重复也不遗漏；指数指标应当遵从一定的逻辑关系，对指标进行合理的分层设计。

第三，重要性。内部控制评价系统应当在全面评价的基础上，关注被测评单位的重要业务单位、重大业务事项和高风险领域。

第四，一致性。一致性是客观性和合理的证据支持的综合。内控评价系统得到的结论须是依据客观的事实和数据，换一个评价主体，按照同样的方法得到的结论是一样的。

第五，可比性。内部控制评价系统既要全面反映上市公司的内部控制情况，又要适合不同上市公司之间的对比。既要考虑到指标设计上的可比性，也要考虑到指标计算的可比性。

第六，定性与定量相结合。内部控制评价系统涉及企业内部控制运行情况的各个方面，既要考虑到内部控制评价的主观性，又要使内部控制评价具有客观性。因此，设计评价系统时要将定性与定量两类指标充分结合，最终形成量化指标。

目前世界上最为权威的内部控制标准体系是《内部控制整合框架》（COSO，1992），其提出内部控制包括五个相互关联的构成要素。五要素论优化了内部控制的结构与体系，整合了对内部控制的不同理解，构造了一个共识性的概念平台和框架，因此得到了 SEC 和 PCAOB 及国际机构等的广泛认可和应用。《基本规范》借鉴了 COSO 的内部控制五要素框架，并结合中国国情进行了创新，是中国目前企业实践最权威的依据。因此，本研究所构建的上市公司内部控制指数以 COSO 委员会《内部控制整合框架》及我国《基本规范》及其配套指引为指标设计主要依据，综合考虑《深圳证券交易所上市公司内部控制指引》《上海证券交易所上市公司内部控制指引》《上市公司治理准则》《中华人民共和国公司法》《中华人民共和国证券法》及《上市公司章程指引》等法律法规及相应文件，同时借鉴国内外已有的内部控制评价研究，确定了内部环境、风险评估、控制活动、信息与沟通、内部监督等五个一级评价指标，每一评价指标又由一系列细分的评价指标构成。最终我们的评价体系由四级指标构成（见表3.1），各级指标都有唯一的代码，一、二、三级指标分别为 IC 加一、二、三位数字构成，如 IC1、IC11、IC111。四级指标为 IC 加五位数字构成，如 IC11101，其中前三位数字分别对应其隶属的一、二、三级指标（有些指标无三级指标而直接对应二级指标）。该指标体系一共有五个一级指标、24 个二级指标、43 个三级指标，144 个四级指标。此外，在内部环境、控制活动和信息与沟通这三个指标上，设置了"处罚与事件"，存在处罚与事件的，所属的一级指标指数扣除评分标准的比例。

表3.1 内控评价指标体系
（列示一级指标、二级指标、三级指标）

一级指标 （分目标层）	二级指标 （准则层）	三级指标 （子准则层）
IC1： 内部环境	IC11：公司治理	IC111：制度建立
		IC112：股东及股东大会状况
		IC113：董事及董事会职责履行
		IC114：监事与监事会
		IC115：经理层职责履行
	IC12：内部审计	IC121：内部控制执行机构
	IC13：人力资源	IC131：人力资源的规划与实施
		IC132：人力资源的激励与约束
		IC133：人力资源的退出
	IC14：道德修养及胜任能力	IC141：道德修养
		IC142：胜任能力
	IC15：社会责任	
	IC16：企业文化	IC161：企业文化培育及评估
		IC162：法治观念
	处罚与事件	

续表

一级指标 （分目标层）	二级指标 （准则层）	三级指标 （子准则层）
IC2： 风险评估	IC21：目标设定	
	IC22：风险识别	IC221：风险评估状况
		IC222：评估内部风险
		IC223：评估外部风险
	IC23：风险分析	IC231：评估方法及重点
	IC24：风险应对	IC241：确定应对策略
		IC242：风险管理措施（运用）
IC3： 控制活动	IC31：不相容职责相分离及授权审批控制	
	IC32：会计控制	
	IC33：财产安全控制	
	IC34：预算控制	
	IC35：运营分析控制	
	IC36：绩效控制	
	IC37：突发事件控制	
	处罚与事件	
IC4： 信息与沟通	IC41：信息搜集	
	IC42：信息沟通	IC421：内部沟通
		IC422：外部沟通
		IC423：信息完整性
		IC424：信息准确性
		IC425：信息及时性
	IC43：信息系统	

续表

一级指标 （分目标层）	二级指标 （准则层）	三级指标 （子准则层）
IC4： 信息与沟通	IC44：反舞弊	IC441：反舞弊机制
		IC442：反舞弊重点
	处罚与事件	
IC5： 内部监督	IC51：内部监督检查	IC511：内控机构监督
		IC512：监事会监督
		IC513：董事监督
		IC514：专项监督
	IC52：内控缺陷	
	IC53：内部控制信息披露行为	

第二节　内部控制指数的权重系数确定

一、层次分析法（AHP模型）

（一）AHP 模型简介

AHP（Analytical Hierarchy Process）模型即层次分析法，是美国匹兹堡大学学者托马斯·L. 萨蒂（Thomas L.Saaty）于 20 世纪 70 年代中期提出的。萨蒂是美国著名的运筹学家，他于 20 世纪 70 年代初期承担了美国国防部的一个研究课题——"如何根据各个工业部门对国家福利的贡献大小进行电力分配"。在研究中，萨蒂发现，要在各部门之间最优化分配电力资源，不仅要解决好各部门间大的分配比例问题，更涉及部门内部企业间小的电力资源分配比例问题。整个分配方案就像是一个非常庞杂的系统，一环连一环，环中再套环。而他在当时的研究中，可用来参考、利用的数据也并不俱全，同时每个行业的每家企业还存在着自身的特殊性。面对这种复杂的局面，如何对这些行业及其内部的企业进行合理的电力分配排序，是该项目的关键和难点。如果仅用定性分析的方法，其排序的依据不够充足，肯定达不到理想的分配效果；而如果仅用数学的方法，各种数据的获得又受到困扰，同样无法实现合理的分配效果。经过长时间艰苦、周密的思考和钻研，萨蒂终于开创性地提出了将定性分析法和定量分析法结合起来的 AHP 模型，从而巧妙地解决了这一困扰政府多年的难题。

层次分析法创建以后，在各个领域的评估及决策中得到了极为广泛的应用，而且获得了良好的效果。层次分析法作为一种分析、决策手段被引入我国是在萨蒂公布其成果的 10 年之后，即 20 世纪 80 年代初。1982 年 11 月，在我国召开的中美能源、资源、环境学术研讨会上，作为研讨会主要发言人的萨蒂的学生高兰尼柴（H. Gholamnezhad）在宣读论文时，将论文中所使用的 AHP 模型即层次分析法向与会者进行了详细的介绍。从此，国内的一些学者开始了对这种方法的研究及运用。目前，该方法不仅在风险投资业有着广泛的运用，在其他领域也被当作一个常规的评估及决策分析工具。

（二）AHP 模型的原理、建模步骤及评估过程

AHP 模型的整个分析过程是将人们的思维过程结构化、层次化、系统化的过程。这种过程主要是通过相同层次的相关因素间两两横向相互比较，再通过不同层次间的纵向比较，最终来确定方案的优劣。

层次分析法主要是针对多个决策方案，通过相互比较确定优劣。运用层次分析法进行评估分析时，应充分了解每个方案，并熟知影响每个方案的相关因素，在充分了解决策者的决策意图的基础上，通过建立层次模型进行比较，完成评估过程。它的建模及评估过程大致有五个步骤。

1. 根据各因素的因果层次关系，建立递阶层次结构模型

根据所研究方案中涉及的各主要因素的关联度对这些因素进行分层，即建立层次结构是应用层次分析法研究问题的第一步。这种层次结构包括三个大的层次。

第一层，也叫最高层或目标层，这一层只有一个因素，它是所研究方案的最终结果或预期目标。第二层，也叫中间层或准则层，这一层主要包括与目标层密切相关的因素，是为实现目标所涉及的主要中间环节。在这一层中，往往根据研究、分析方案的需要，对某个因素中所涉及或关联的其他子因素进行再次的分层，而且这种分层可视所研究对象的复杂程度再进行若干次，这些层次分别成为次准则层或子准则，它的层次数一般是不受限制的。第三层，也叫最低层、方案层或措施层，它主要是为了实现总目标而可供选择的各种具体方案和措施，这也是这一层名字的由来（见图3.1）。

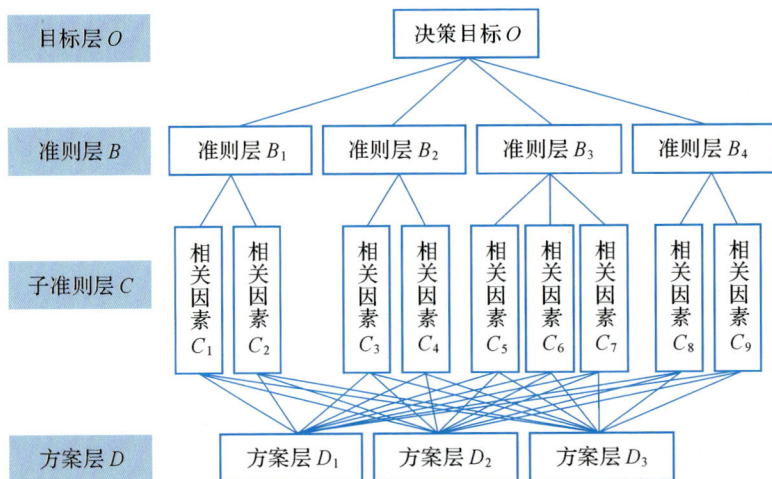

图3.1　递阶层次结构

在这些层次中，上一层次的元素对下一层次的元素具有明显的制约或支配关系，这种具有上下支配关系的因素所构成的层次结构被称为递阶层次结构。

对于层次结构的认识主要包括两个方面，即对结构层次本身的认识和对每一层次中因素的认识。首先，从理论上讲，构成层次结构的层次数是不受限制的。由于无论怎样的层次结构都包括一个最高的目标层和最低的方案层，因此层次的变化主要是对处于中间层的准则层而言。对于简单的决策问题，一般用三个层次的最简单的层次结构就可以解决问题。但是对于复杂的选择或决策问题，三个层次的结构显然是不够的。通常而言，层次越多，越能清晰地反映问题的内部联系及问题的本质。但是，过多的层次同样会带来一些负面的影响，即它不仅给计算带来了麻烦，而且增加了结果的不一致性。当然，层次结构的建立与评估者及决策者对系统问题的认识有着深刻的关系，层次结构的合理性及严谨性对于问题的解决至关重要。

其次，从理论上讲，对于每一层中的相关因素的个数也是没有限制的。但是，由于人的判断能力有限，同时也为了研究问题的便利，以及为了保证计算结果的一致性，对于每层中每一因素所支配或制约的因素一般不超过 9 个。当每一层的因素多于 9 个时，萨蒂建议可将该层次再划分为若干子层。

2. 构造各层次的两两比较判断矩阵

当层次结构被建立起来之后，下一步要做的就是如何确定某一层次各元素与其对应的上一层次中对其起支配作用的相关因素的权重。

设某一准则层或子准则层有 n 个因素，$A=\{A_1, A_2, \cdots, A_n\}$。为了确定这些因素相对于上一层次所占的比重，需要对这些因素进行两两比较。用 a_{ij} 表示第 A_i 个因素与第 A_j 个因素之比，其具体数值视它们相对于上一层次的相对重要性而定。对所有这些因素进行两两比较，其结果就构成了一个两两比较判断矩阵 $A=(a_{ij})_{n\times n}$：

$$\begin{vmatrix} 1 & a_{12} & a_{13} & \cdots & \cdots & \cdots & a_{1n} \\ a_{21} & 1 & a_{23} & \cdots & \cdots & \cdots & a_{2n} \\ a_{31} & a_{32} & 1 & \cdots & \cdots & \cdots & a_{3n} \\ \cdots & \cdots & \cdots & & & & \cdots \\ \cdots & \cdots & \cdots & & & & \cdots \\ a_{n1} & a_{n2} & a_{n3} & \cdots & \cdots & \cdots & 1 \end{vmatrix}$$

由于各因素的量值都是用正值表示的，因此两两元素的比较结果具有如下的性质：① $a_{ij}>0$；② $a_{ij}=1/a_{ji}$；③ $a_{ii}=1$。由这些元素所构成的判断矩阵 A 称为正互反矩阵。而当 $a_{ij}\times a_{jk}=a_{ik}$ 时，这种矩阵被称为一致性判断矩阵。

为了确定同一层次各元素间的比值，萨蒂采用了 9 级比较尺度，即用数字 1—9 及其倒数作为标度来确定 a_{ij} 的比值。9 级比较尺度的含义为：$a_{ij}=1$ 表示因素 i 与因素 j 对上一层次因素的重要性相同；$a_{ij}=3$ 表示因素 i 与因素 j 相比，对上一层次因素的重要性略强；$a_{ij}=5$ 表示因素 i 与因素 j 相比，对上一层次因素的重要性强；$a_{ij}=7$ 表示因素 i 与因素 j 相比，对上一层次因素的重要性强得多；$a_{ij}=9$ 表示因素 i 与因素 j 相比，对上一层次因素的重要性超强。2、4、6、8 则表示第 i 个因素相对于第 j 个因素的重要性介于上述两个相邻的比较等级之间。同理，由于 $a_{ij}=1/a_{ji}$，因此，作为比较尺度的倒数，它们的含义正好与比较尺度相反。表 3.2 表示两两因素间的比较尺度。

表3.2 两因素比较尺度

A_i/A_j	相同	介于	稍强	介于	强	介于	明显强	介于	绝对强
a_{ij}	1	2	3	4	5	6	7	8	9

3. 计算各层次因素的权重，进行层次单排序及一致性检验

因素之间两两元素的比较是为了确定它们对上一准则层或目标层各层次因素重要性的排序。以图 3.1 为例，予以简要说明。

首先，从上至下列出除目标层以外的所有层次的两两比较判断矩阵。通常，一个由 n 个元素构成的判断矩阵进行两两比较时需要做 $n(n-1)/2$ 次比较（见表 3.3 至表 3.5）。

表3.3 准则层 B 对目标层 O 构成的比较判断矩阵

目标层 O	准则层 B_1	准则层 B_2	准则层 B_3	准则层 B_4
准则层 B_1	1	B_{12}	B_{13}	B_{14}
准则层 B_2	B_{21}	1	B_{23}	B_{24}
准则层 B_3	B_{31}	B_{32}	1	B_{34}
准则层 B_4	B_{41}	B_{42}	B_{43}	1

表3.4 子准则层 C 对目标层 B 构成的比较判断矩阵

目标层 B_1	子准则层 C_1	子准则层 C_2	目标层 B_2	子准则层 C_3	子准则层 C_4
准则层 C_1	1	C_{12}	子准则层 C_3	1	C_{34}
准则层 C_2	C_{21}	1	子准则层 C_4	C_{43}	1

续表

目标层B_3	子准则层C_5	子准则层C_6	子准则层C_7	子目标层B_4	子准则层C_8	子准则层C_9
准则层C_5	1	C_{56}	C_{57}	子准则层C_8	1	C_{89}
准则层C_6	C_{65}	1	C_{67}	子准则层C_9	C_{98}	1
准则层C_7	C_{75}	C_{76}	1			

表3.5 措施层D子准则层C构成的比较判断矩阵

目标层C_1	方案层D_1	方案层D_2	方案层D_3	目标层C_2	方案层D_1	方案层D_2	方案层D_3
方案层D_1	1	D_{12}	D_{13}	方案层D_1	1	D_{12}	D_{13}
方案层D_2	D_{21}	1	D_{23}	方案层D_2	D_{21}	1	D_{23}
方案层D_3	D_{31}	D_{32}	1	方案层D_3	D_{31}	D_{32}	1
目标层C_3	方案层D_1	方案层D_2	方案层D_3	目标层C_4	方案层D_1	方案层D_2	方案层D_3
方案层D_1	1	D_{12}	D_{13}	方案层D_1	1	D_{12}	D_{13}
方案层D_2	D_{21}	1	D_{23}	方案层D_2	D_{21}	1	D_{23}
方案层D_3	D_{31}	D_{32}	1	方案层D_3	D_{31}	D_{32}	1
目标层C_5	方案层D_1	方案层D_2	方案层D_3	目标层C_6	方案层D_1	方案层D_2	方案层D_3
方案层D_1	1	D_{12}	D_{13}	方案层D_1	1	D_{12}	D_{13}
方案层D_2	D_{21}	1	D_{23}	方案层D_2	D_{21}	1	D_{23}
方案层D_3	D_{31}	D_{32}	1	方案层D_3	D_{31}	D_{32}	1
目标层C_7	方案层D_1	方案层D_2	方案层D_3	目标层C_8	方案层D_1	方案层D_2	方案层D_3
方案层D_1	1	D_{12}	D_{13}	方案层D_1	1	D_{12}	D_{13}
方案层D_2	D_{21}	1	D_{23}	方案层D_2	D_{21}	1	D_{23}
方案层D_3	D_{31}	D_{32}	1	方案层D_3	D_{31}	D_{32}	1
目标层C_9	方案层D_1	方案层D_2	方案层D_3				
方案层D_1	1	D_{12}	D_{13}				
方案层D_2	D_{21}	1	D_{23}				
方案层D_3	D_{31}	D_{32}	1				

　　其次，求所有正互反判断矩阵的最大特征根 $\lambda_{\max}$。由于成对比较判断矩阵中 a_{ij} 的是通过相关因素间相对于某一准则，两两进行定性比较而得到的，这种比较的结果并不是十分精确的，它是评估者或决策者的一种主观的量化看法，是在某一程度上的定量反映，由此，建模本身就存在着一定的模型误差。但是，这并不影响对评估及决策对象本质的认识和揭示。因此，在实践中，往往通过采用取近似值的方法来求其最大特征根和它的正交化特征向量，并以此作为决策的量化依据。

　　通过计算这些矩阵的最大特征根 $\lambda_{\max}$ 和它的正交化特征向量，可以得出某层元素对于其上一层次的优先级权重。最大特征值 $\lambda_{\max}$ 的求法并不复杂，而且其求法有多种，尽管每种求法都不太相同，但所求出的结果基本相同。对计算 $\lambda_{\max}$ 方法的选择，每个评估者往往会根据自身的偏好而有不同的选择。本书对最大特征根 $\lambda_{\max}$ 的求解将采用和法即算术平均数法。其具体步骤如下。

　　（1）将矩阵 $A=(a_{ij})_{n \times n}$ 的每一列向量归一化，可以得到矩阵 $B=(b_{ij})_{n \times n}$，其中 $b_{ij}=a_{ij} / \sum_{i=1}^{n} a_{ij}$，$i, j=1, 2, \cdots$

　　（2）对 $B=(b_{ij})_{n \times n}$ 按列求和，可以得到矩阵 $C=（C_1, C_2, \cdots, C_n）$，其中 $C_{ij}=\sum_{i=1}^{n} b_{ij}$，$i, j=1, 2, \cdots$

　　（3）将列矩阵 C 中的各元素归一化。归一化后可得另一列矩阵 D，$D=（D_1, D_2, \cdots, D_n）^{\mathrm{T}}$，其中 $W_i = C_i / \sum_{i=1}^{n} a_{ij} C_i$，$i, j=1, 2, \cdots$。即为近似特征向量，它们即是各因素相对于上一层次的权重向量。

　　（4）求最大特征值的近似值 $\lambda_{\max}$。$\lambda_{\max} = \frac{1}{n} \sum_{i=1}^{n} \frac{(AW)_i}{W_i}$，其中（$AW$）$_i$ 表示 AW 的第 i 个分量。

　　对每个矩阵求 $\lambda_{\max}$ 之后，要进行一致性检验。从理论上分析得到：如果 A 是完全一致的成对比较判断矩阵，应该有 $a_{ij}a_{jk}=a_{ik}$。但实际中，在构造出的成对比较判断矩阵要始终满足上述要求是不可能的。因此，常常会出现成对比较判断矩阵在一定程度上的不一致性。尽管不论是在理论中还是在实践中，在一定范围内的这种不一致性都是允许存在的，但是对其一致性的检验还是十分必要的。

由矩阵理论可知，n 阶正互反矩阵 A 为一致矩阵的充要条件为其最大特征根 $\lambda_{max} = n$；当互反矩阵 A 非一致时，必有其最大特征根 $\lambda_{max} > n$。因此，可以通过最大特征根 λ_{max} 是否等于 n 来检验并判断矩阵 A 是否为一致矩阵。

由于正互反矩阵 A 的最大特征根 λ_{max} 连续地依赖于 a_{ij}，因此，最大特征根 λ_{max} 与 n 相差越大，正互反矩阵 A 的非一致性也就越严重。由此可知，当所得到的正互反矩阵存在非一致性时，矩阵中所表示的标准化特征向量所对应因素的相对权重必然存疑。因此，为了确定该判断矩阵是否能够被接受，进而保证结果的合理性，必须对所得到的正互反矩阵 A 做一致性检验。

对判断矩阵的一致性检验步骤如下。

①计算一致性指标 C.I.

C.I.（Consistency Index）的定义由层次分析法理论的缔造者萨蒂（Thomas L. Saaty）给出，他将这种正互反矩阵的一致性指标定义为：

$$\text{C.I.} = \frac{\lambda_{max} - n}{n - 1}$$

②查找相应的平均随机一致性指标 R.I.

萨蒂以两两比较判断尺度 1—9 及其倒数为比较准则，随机抽取数字并构造了 500 个正互反矩阵样本，并对其一致性进行检验，从而得到了正互反矩阵的平均随机一致性指标 R.I.。萨蒂给出了 9 阶正互反矩阵的平均随机一致性指标 R.I.。后人用同样的方法，构造了 1000 个正互反矩阵样本，并对平均随机一致性指标 R.I. 进行检验，给出了 15 阶正互反矩阵的平均随机一致性指标 R.I. 值，其结果与萨蒂的结果是一致的（见表 3.6）。

表3.6　15阶正互反矩阵的平均随机一致性指标R.I.值

指标	1	2	3	4	5	6	7	8	9	10	11	12	13	14	15
R.I.	0	0	0.52	0.89	1.12	1.26	1.36	1.41	1.46	1.49	1.52	1.54	1.56	1.58	1.59

③计算正互反矩阵的一致性比率 C.R.（consistency ratio），并进行一致性判断

$$\text{C.R.} = \frac{\text{C.I.}}{\text{R.I.}}$$

当 C.R. < 0.1 时，认为所构造正互反判断矩阵的一致性是可以接受的，这样，以此为依据所得到的决策也是可信的。当 C.R. > 0.1 时，认为所构造正互反判断矩阵不符合一致性要求，需要对当前所构造的这种正互反判断矩阵进行适当修正或重新进行比值的确定，直至该矩阵的一致性符合要求。

4.计算各层相对于总目标的排序权重，并进行一致性检验

为了对各方案进行有效排序，必须得到方案层中各方案相对于各准则层进而目标层的排序权重。这种总排序权重计算通常是自上而下进行的，即由目标层到方案层，逐层计算各层次中的各相关因素相对于目标层的相对权重。

设某一准则层为 A，它包含了 m 个因素，分别用 A_1，A_2，$\cdots$，A_m 表示，它们的层次总排序权值分别为 a_1，a_2，$\cdots$，a_m；其下一准则或方案层为 B，包含 n 个因素，分别为 B_1，B_2，$\cdots$，B_n，它们关于上一层次 A 中某一因素 A_j 的单排序权值分别为 b_{1j}，b_{2j}，$\cdots$，b_{jm}；当 B_i 与 A_j 无关联时，$b_{ij}=0$；B 层中各因素相对于目标层的权值分别为 b_1，b_2，$\cdots$，b_n，那么 B 层中某因素相对于目标层的权值 $b_i = \sum_{i=1}^{n} b_{ij}a_j$，其中 $i=1$，2，$\cdots$，n（见表3.7）。

表3.7　B层中某因素相对于目标层的权值计算表格

层次	A_1 a	A_2 A_2	$\cdots$ $\cdots$	$\cdots$ $\cdots$	A_m A_n	B 层总排序权值
B_1	b_{11}	b_{12}			b_{1m}	$\sum_{i=1}^{n} b_{ij}a_j$
B_2	b_{21}	B_{22}			B_{2m}	$\sum_{i=1}^{n} b_{ij}a_j$
$\cdots$	$\cdots$	$\cdots$	$\cdots$	$\cdots$	$\cdots$	$\cdots$
$\cdots$	$\cdots$	$\cdots$	$\cdots$	$\cdots$	$\cdots$	$\cdots$
B_n	b_{n1}	b_{n2}	$\cdots$	$\cdots$	b_{nm}	$\sum_{i=1}^{n} b_{ij}a_j$

当各层次相对于目标层的相对权重确定后，措施层相对于目标层的总排序也自然确定了。但是，对总排序仍需做一致性检验。这主要是为了避免经过层次单

排序一致性检验的各层次，由非一致性的积累而导致总排序的非一致性。检验的步骤与层次总排序相同，即由高层到低层逐层进行。其检验方法如下。

设 B 层中各因素 B_1，B_2，$\cdots$，B_n 相对于上一层次 A 各因素 A_1，A_2，$\cdots$，A_m 的层次单排序一致性指标分别为 C.I._1，C.I._2，$\cdots$，C.I._j，相对于层次 A 的平均随机一致性指标分别为 R.I._1，R.I._2，$\cdots$，R.I._j，则 B 层次总排序的一致性比率 C.R. 为：

$$\text{C.R.} = \frac{a_1\text{C.I.}_1 + a_2\text{C.I.}_2 + \cdots + a_m\text{C.I.}_m}{a_1\text{R.I.}_1 + a_2\text{R.I.}_2 + \cdots + a_m\text{R.I.}_m}$$

当 $\text{C.R.} < 0.1$ 时，层次总排序将通过一致性检验，即所构造的正互反判断矩阵的整体一致性是可以接受的。

5. 层次总排序及确定最佳决策方案

通过层次总排序一致性检验的方案层各因素的权重值，即为各方案相对于目标层的最终总得分，按照数值的大小进行排序，排序的结果即可作为最后决策依据。

由于在整个评估过程中，从高层到低层，各个因素间相互比较的数值都是在一定的标准下进行的，可以说，整个模型所计算出的结果都是在一系列评估者或决策者事先定下的评估体系下获得的。因此，决策者完全可以将既定标准下计算出的结果作为进行投资决策的参考依据。

二、内部控制指数的权重确定

内部控制体系中每个指标对综合评价指数的影响程度存在差异，因此只有权重系数与指标影响程度相匹配，才能提高综合评价指数的可信度。内部控制评价指标体系具有系统化、层次化、递归性、定性定量兼顾的特点，适用于层次分析法分析。本系统采用 AHP 的分析过程如下。

（一）构造层次分析结构

首先，深入分析决策问题，分解出相关元素，并确定相关元素之间的关系；再基于元素间的相关关系将其分成递归性、层次化的分析结构，每个元素归于某个层次，并且隶属于上一层次的某个元素。如：内部控制评价指标体系分为五个层次，总目标层、分目标层、准则层、子准则层和方案层。其中，总目标层是内部控制指数；分目标层是内部控制五要素，对应一级指标；准则层、子准则层和方案层为分目标层相关要素的进一步细化，分别对应二级指标、三级指标和四级指标。如图 3.2 所示，总目标层以下每个层级（一、二、三、四级指标）均隶属于上一层级的一个指标。

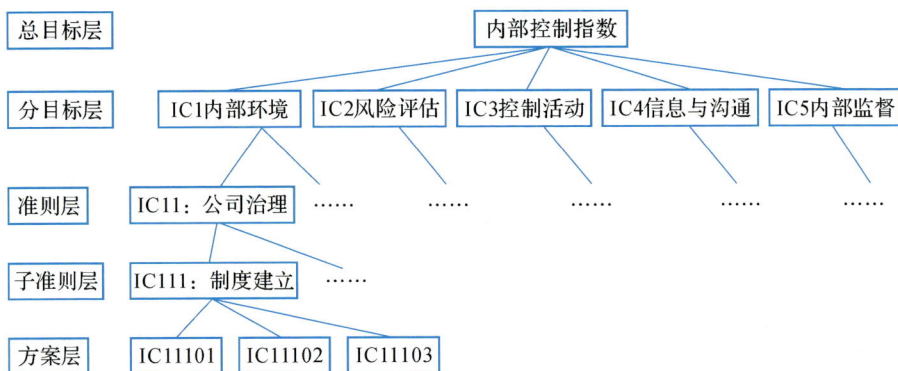

图3.2　内部控制评价指标体系层次

（二）建立判断矩阵群

从分目标层开始，对每个层次中隶属上层同一指标的元素进行两两比较，并按其重要程度评定等级赋值，建立判断矩阵。目前，广泛采用的两两比较标度方法是萨蒂提出的 1—9 标度法，如表 3.8 所示。

表3.8　萨蒂1—9标度法

序号	重要性等级	赋值
1	两元素相比同等重要	1
2	两元素相比，前者比后者稍微重要	3
3	两元素相比，前者比后者明显重要	5
4	两元素相比，前者比后者强烈重要	7

续表

序号	重要性等级	赋值
5	两元素相比，前者比后者极端重要	9
6	两元素相比，前者比后者稍不重要	1/3
7	两元素相比，前者比后者明显不重要	1/5
8	两元素相比，前者比后者强烈不重要	1/7
9	两元素相比，前者比后者极端不重要	1/9
10	两者相比对应以上相邻判断的中间	2，4，6，8，1/2，1/4，1/6，1/8

该体系采用德尔菲法来建立判断矩阵群，即由专家根据其专业判断来比较元素的重要程度，并按萨蒂1—9标度法打分。这种方法可以提高判断的准确性，从而增强权重的可信性。例如，若总目标层下的分目标层一级指标的判断矩阵如表3.9所示，则表明内部环境较控制活动稍微重要，故为2；内部环境相对于风险评估、信息与沟通和内部监督更为重要，故为3。以次类推，相交单元格数字表示两元素的重要程度比。

表3.9 一级指标判断矩阵

项目	内部环境	风险评估	控制活动	信息与沟通	内部监督
内部环境	1	3	2	3	3
风险评估	1/3	1	1/2	1	1
控制活动	1/2	2	1	2	2
信息与沟通	1/3	1	1/2	1	1
内部监督	1/3	1	1/2	1	1

（三）计算权重及一致性检验

层次分析法计算权重的方式有很多种，包括特征值法、对数最小二乘法和上三角元素法等。内部控制评价体系采用使用广泛的特征值法，若判断矩阵 A 是一致的 n 维矩阵，则由 $Aw=nw$ 求解得到的特征向量经归一化后即为对应元素的权重，记为 $w=(w_1, w_2, \cdots, w_n)^{\mathrm{T}}$。此外，还需根据一致性比率来判断矩阵的一致性，如果一致性比率小于 0.1，则通过检验，否则需要调整判断矩阵。例如：表 3.3 的一致性比率为 0.0022，一致性较好。由该判断矩阵计算的内部环境、风险评估、控制活动、信息与沟通和内部监督的权重分别为 0.394、0.124、0.234、0.124 和 0.124。按照同样的方法可以得到每个一级指标下属二级指标的权重（准则层）以及二级指标下属三级指标的权重（子准则层）。

方案层指标数目较多，给元素间两两比较判断带来困难，因此，该层采用客观赋值法，即基于指标的实际观测值来确定权重，这种方法也降低了主观因素的影响。客观赋值法选取标志变异系数法。该方法根据变异系数来赋权，反映了各个指标的信息差异，使之尽量拉开档次。举例说明：制度建立指标 IC111 的下一层级有三个四级指标——IC11101、IC11102 和 IC11103。如果 IC11101 的变异系数占这三个指标变异系数之和的 1/4，则其权重为 0.25。

通过以上方法可以得到各个上级指标的子指标的权重。由此，各个四级指标对一级指标的影响因子为该四级指标与其对应的一级指标之间的所有指标权重的乘积（包括该四级指标的权重）。如图 2.1 所示，如果 IC11101 的权重为 0.25，IC111 的权重为 0.2，IC11 的权重为 0.4，则 IC11101 对 IC1 的影响因子为 $0.25 \times 0.2 \times 0.4 = 0.02$。

第三节 内部控制指数计算

内部控制评价指数以各个指标观察值为基础，各个指标的分值按照以上方法确定的权重进行加权平均即得到指数。加权平均计算公式如下：

$$CICI = w_1 CICI_1 + w_2 CICI_2 + w_3 CICI_3 + w_4 CICI_4 + w_5 CICI_5,$$

$$CICI_i = \left(\sum_{j=1}^{n} w_{ij} CICI_{ij} \right) \times (1-P_i), \quad i=1, 2, 3, 4, 5; \ j=1, 2, \cdots, n$$

其中：CICI 代表内部控制评价指数；$CICI_1$ 代表内部环境评价指数；$CICI_2$ 代

表风险评估评价指数；$CICI_3$ 代表控制活动评价指数；$CICI_4$ 代表信息与沟通评价指数；$CICI_5$ 代表内部监督评价指数；$CICI_{ij}$ 代表隶属于一级指标 i 的第 j 个四级指标的分值；w_i 代表一级指标 i 的权重，如表3.3判断矩阵得出的权重0.394、0.124、0.234、0.124 和0.124。w_{ij} 为隶属于一级指标 i 的第 j 个四级指标对一级指标 i 的影响因子，P_i 为对应一级指标中"处罚与事项"的扣分比例，如果没有扣分事项则该比例为0。

第四节　内部控制指数验证

一、现实验证

为了从现实角度验证本指数的合理性，我们按照地区、行业、资产规模和产权性质对不同年份的内部控制指数进行了统计。

第一，现实中，上市公司的内部控制水平与当地的经济发展水平和市场化程度存在密切相关。表3.10的统计结果显示，东部地区上市公司的内部控制指数显著高于中部和西部地区的上市公司，这与现实情况相符。

第二，金融企业基于政府管制和风险管控的内在需求，对内部控制质量的要求更高，从表3.11的结果观察到，金融行业企业的内部控制指数在各年均显著高于非金融行业。

第三，相比于中小型企业，大企业建立内部控制更符合成本收益原则，因而具有更强的动机；此外，大企业也拥有更多资源投入企业内部控制的建设之中。与之一致，表3.12的结果显示，大企业的内部控制指数显著均高于中小型企业。

第四，由于国有企业相较于非国有企业受到更多的政府管制，因此国有企业的内部控制水平一般高于非国有企业。其中，央企作为内控建设的"排头兵"，起到现代公司制度的示范作用，其内部控制水平应当高于地方国有企业（刘启亮等，2012）。与此一致，表3.13的结果显示，央企各年度的内部控制指数均高于地方国企，地方国企均高于非国有企业。

总之，上述基于现实的检验表明本指数的结果符合常规认识。

表3.10　2007—2015年不同地区上市公司的内部控制指数得分

地区	2007 年	2008 年	2009 年	2010 年	2011 年	2012 年	2013 年	2014 年	2015 年	均值
东部	29.05	36.62	39.69	40.75	43.57	44.71	45.82	46.67	46.35	41.47
中部	28.55	35.20	37.39	39.16	41.32	43.56	44.91	46.00	45.12	40.14
西部	27.28	33.21	36.05	38.28	40.51	43.26	44.75	46.26	45.23	39.43

表3.11　2007—2015年金融行业与非金融行业上市公司的内部控制指数得分

行业	2007 年	2008 年	2009 年	2010 年	2011 年	2012 年	2013 年	2014 年	2015 年	均值
金融业	45.98	54.21	62.56	62.10	64.02	65.16	63.73	60.59	57.06	59.49
非金融业	28.31	35.39	38.15	39.66	42.32	43.94	45.18	46.25	45.78	40.55

表3.12　2007—2015年不同规模上市公司的内部控制指数得分

企业规模	2007 年	2008 年	2009 年	2010 年	2011 年	2012 年	2013 年	2014 年	2015 年	均值
大企业	30.94	38.67	42.53	44.04	46.10	48.70	49.17	50.30	49.09	44.39
中企业	28.10	35.11	38.03	39.33	41.68	43.75	45.14	46.27	46.02	40.38
小企业	26.82	33.36	35.20	36.79	40.31	40.44	42.21	42.92	42.83	37.87

表3.13　2007—2015年不同产权属性上市公司的内部控制指数得分

产权属性	2007 年	2008 年	2009 年	2010 年	2011 年	2012 年	2013 年	2014 年	2015 年	均值
中央国企	30.76	37.77	40.77	42.98	45.58	49.08	49.87	50.64	49.31	44.08
地方国企	28.32	34.71	37.73	40.29	42.40	46.99	47.54	48.54	47.76	41.59
非国企	27.86	35.72	38.36	38.89	42.06	41.81	43.43	44.68	44.64	39.72

二、实证验证

（一）内部控制指数与应计质量

首先，我们通过证实内部控制指数与应计质量的关系验证内部控制指数的有效性。由于 Doyle 等（2007a）和 Ashbaugh-Skaife 等（2008）的研究发现，拥有有效内部控制的公司往往拥有较高的盈余质量，因此我们推测，如果我们的内部控制指数能真正反映公司的内部控制质量，那么我们也将观测到类似的结论。

我们建立 OLS 回归模型 [见式（3.1）] 检验上述推论，其中被解释变量为公司的应计质量（采用修正琼斯模型计算）；解释变量为内部控制指数。基于现有文献（Doyle et al.，2007a；Ashbaugh et al.，2008），我们在模型中控制了影响盈余质量的其他变量，如公司市值的自然对数（$LNMV_{it}$）、业务复杂度（$SEGMENT_{it}$）、海外销售（$FOREIGN_{it}$）、经营波动性（$STDSALES_{it}$）等。此外，模型中也加入了行业固定效应（INDUS）和年份固定效应（YEAR）。

$$DA_{it} = \beta_0 + \beta_1 IC\_INDEX_{it} + \beta_2 LNMV_{it} + \beta_3 SEGMENT_{it} + \beta_4 FOREIGN_{it} + \beta_5 STDSALES_{it} + \beta_6 STDCFO_{it} + \beta_7 ST_{it} + \beta_8 LEV_{it} + \beta_9 BIG4_{it} + \beta_{10} M\&A_{it} + \beta_{11} INVENTORY_{it} + \beta_{12} PERCYCLE_{it} + \beta_{13} MB_{it} + \beta_{14} FIRM\_AGE_{it} + INDUS + YEAR + \varepsilon_{it}$$

（3.1）

表 3.14 展示了式（3.1）的回归结果，可以看到 IC_INDEX_{it} 的系数在 1% 的水平上显著为负，表明公司内部控制指数越大，公司应计质量越高。

表3.14　内部控制指数与应计质量

变量	（1） DA
IC_INDEX	−0.071*** （−5.54）
LNMV	0.006*** （4.59）
SEGMENT	−0.002 （−0.9）

续表

变量	（1） DA
FOREIGN	−0.005** （−2.29）
STDSALES	0.043*** （5.08）
STDCFOS	0.739*** （30.57）
ST	0.022*** （4.99）
LEV	0.015*** （8.14）
BIG4	−0.008 （−1.62）
M&A	0.011 （1.45）
INVENTORY	0.036*** （3.41）
OPERCYCLE	0.005*** （2.81）
MB	−0.000 （−0.19）
FIRM_AGE	−0.019*** （−14.03）
Constant	0.033** （2.15）
INDUS	Yes
YEAR	Yes
N	6163
Adj. R^2	0.25

注：*、**、***分别表示在 10%、5%、1% 水平上显著。后同。

（二）内部控制指数与盈余反应系数

其次，我们通过证实内部控制指数与盈余反应系数间的关系验证内部控制指数的有效性。我们参照 Holthausen 和 Verrecchia（1988）以及 Francis 和 Ke（2006）建立简单的单期数学模型来分析资本市场对内部控制功能的反应机制。假设一个公司的价值为 $\tilde{\mu}$，$\tilde{\mu}$ 是随机变量，服从均值为 m、方差为 h 的正态分布。会计盈余是一种公共信息 $\tilde{y}$，它能够传递出公司的价值信息，记为 $\tilde{y}=\tilde{\mu}+\tilde{\eta}$，$\tilde{\eta}$ 表示会计盈余计量过程中存在的误差（与 $\tilde{\mu}$ 相互独立），该误差服从期望为 0、方差为 n 的正态分布。设在 $T-1$ 时刻公司的市场价格为 P_{T-1}。在 T 时刻公司披露了定期报告：定期报告披露盈余信息 y。内部控制质量记为 I，由于内部控制可以提高应计质量（Doyle et al., 2007a；Ashbaugh-Skaife et al., 2008），即内部控制质量越高，财务报告越可靠，披露的信息越准确，所以 n 是 I 的单调递减函数，可记为 $n(I)$。假设市场是有效的，时刻 T 的价格为 P_T，则：在时刻 $T-1$，$P_{T-1}=E[\tilde{\mu}]=m$；在时刻 T，

$$P_T = E[\tilde{\mu} | \tilde{y} = y] = m + \frac{h}{h + n(I)}(y - m)。$$

因此，信息披露后公司的市场价格变动为：$\Delta = P_T - P_{T-1} = \dfrac{h}{h + n(I)}(y - m)$。

$y-m$ 表示当期盈余与市场预期值的差异，即未预期盈余，而 $\text{ERC} = \dfrac{h}{h + n(I)}$ 代表盈余反应系数。则盈余反应系数受到内部控制的影响。由 $\text{IRC} = \dfrac{d\text{ERC}}{dI} = -\dfrac{dn(I)}{dI} \cdot \dfrac{h}{(h + n)^2} > 0$ 可知，内部控制质量越高，投资者对未预期盈余的反应程度越大。因此我们推测，如果我们的内部控制指数能真正反映公司的内部控制质量，那么我们也将观测到类似的结论。

我们建立 OLS 回归模型检验上述推论，其中，被解释变量为公司的累计异常收益率（CAR_{it}）；解释变量 UE 为未预期盈余，IC_INDEX_{it} 为内部控制指数；LNMV_{it} 为公司市值的自然对数；LEV_{it} 为杠杆；MB_{it} 为市值账面比；BETA_{it} 为公司的 beta 值。参照 Balsam 等（2003）和 Baber 等（2013），我们同时研究短窗口 ERC 和长窗口 ERC。此外，模型中也加入了行业固定效应（INDUS）和年份固定效应（YEAR）。

$$CAR_{it} = \beta_0 + UE \times (\beta_1 + \beta_2 IC\_INDEX_{it} + \beta_3 NEG_{it} + \beta_4 LNMV_{it} + \beta_5 LEV_{it}$$
$$+\beta_6 MB_{it} + \beta_7 BETA_{it} + INDUS + YEAR) + \varepsilon_{it} \quad (3.2)$$

表 3.15 展示了式（3.2）的回归结果，可以看到 UE × IC_INDEX$_{it}$ 的系数分别在 1% 和 5% 的水平上显著为正，表明公司内部控制指数越大，投资者对未预期盈余反应程度越大。

表3.15　内部控制指数与盈余反应系数

变量	（1） CAR_S	（2） CAR_L
UE	0.067* （1.95）	1.201** （2.40）
UE × IC_INDEX	0.300*** （2.91）	1.402** （2.19）
UE × NEG	−0.011 （−0.51）	−0.325** （−2.57）
UE × LNMV	−0.024** −2.23	−0.029 （−0.54）
UE × LEV	−0.003** −2.05	−0.607*** （−4.07）
UE × MB	0.001 0.54	−0.003 （−0.24）
UE × Beta	−0.007 −0.32	−0.282 （−1.29）
Constant	0.002 0.32	0.078** （2.20）
INDUS	Yes	Yes
YEAR	Yes	Yes
N	5617	5579
Adj. R^2	0.01	0.10

第四章

浙江上市公司内部控制指数评价与总体分析

　　长期以来，浙江省把"发展是硬道理，发展必须是科学发展"作为前行理念，坚持以经济建设为中心，奋力拼搏、开拓创新，实现了综合实力的不断提升。在"十三五"期间，浙江省在"十二五"取得重大发展成就的基础上继续以"八八战略"为总纲领，在《浙江省国民经济和社会发展第十三个五年规划纲要》提出的"坚持发展第一要务，坚持转型升级不动摇，紧扣提高经济发展质量和效益这一中心，加快形成引领经济发展新常态的机制体制和发展方式"思想指导下，勇创发展新局面。

第一节　浙江上市公司内部控制建设整体情况

　　上市公司是资本市场发展的基石，在"凤凰行动""雄鹰行动""雏鹰行动"等一系列计划的鼓励和支持下，如图 4.1 所示，"十三五"期间浙江省上市公司数量呈现持续稳定增长趋势，从 2016 年的 328 家增长到 2020 年的 534 家。尤其是在 2017 年和 2020 年，其上市公司数量较前一年均出现了较大数量的增长。

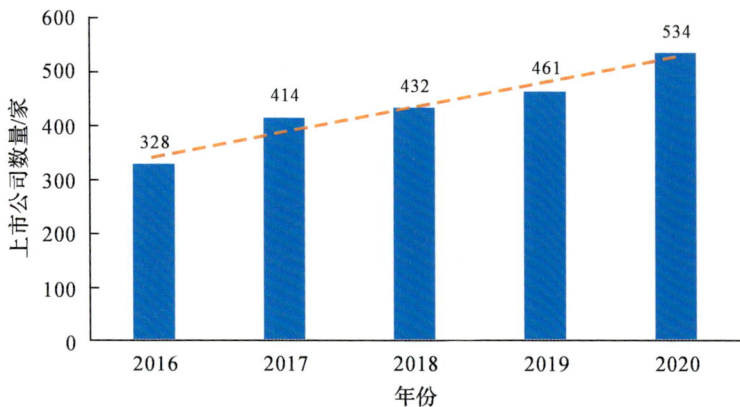

图4.1　2016—2020年浙江省上市公司数量变化

　　近年来，国内外局势日渐复杂多变，挑战与机会共生共存，浙江省坚持以习近平新时代中国特色社会主义思想为指导，全面贯彻党的十九大和十九届二中、三中、四中全会精神，坚持稳中求进的工作总基调，不仅追求发展的数量，更注重发展的质量，聚焦聚力高质量发展。对上市公司而言，内部控制的完善程度很大程度上影响了其发展质量。根据笔者研究团队的持续评估与观测，浙江省上市公司中入选"中国上市公司内部控制全国百强榜"（以下简称百强公司）的数量呈现稳中有进的趋势，近年来已经从2016年的8家上升至2020年的12家。如图4.2所示，"十三五"期间，浙江省地区生产总值（GDP）一直位居全国第四位。浙江省支持资本市场的繁荣发展，所拥有的A股上市公司数量在所有省份中始终位居第二。2019年，浙江省百强公司数量进入全国前三强；2020年，浙江省百强公司数量增加1家，保持了前三强地位。说明浙江省高质量内部控制建设水平在全国处于领先地位，但上市公司质量与数量并不完全匹配，浙江省上市公司内部控制的建设尚存在一定发展空间。

图4.2　浙江省GDP排名、上市公司数量排名与百强公司数量排名

　　具体来说，浙江省经济发展水平较高，但百强公司占本省上市公司的比重一直较低。如图 4.3 和图 4.4 所示，浙江省百强公司占本省上市公司的比重基本维持在略超过 2% 的水平，北京市百强公司占其上市公司的比重一直在 5% 以上，广东省的该比例也始终保持在 3% ～ 4%。浙江省近年来与广东省和上海市的差距逐渐拉大，且该比例不足北京的一半。可见在"十三五"期间，浙江省上市公司的内部控制质量两极分化状况仍然较为严重，提高上市公司内部控制的整体质量将成为浙江省未来主要着力的方向。

图4.3　2016—2020年浙江省上市公司和百强公司数量变动

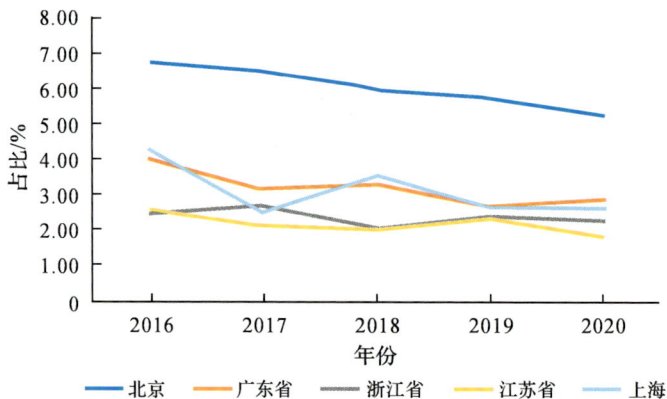

图4.4　2016—2020年京、粤、浙、苏、沪五地百强公司占比

根据 COSO 委员会提出的内部控制框架，可以将内部控制分为内部环境、风险评估、控制活动、信息与沟通和内部监督这五个要素。对浙江省上市公司近五年来各要素得分进行分析可知，浙江省上市公司内控质量整体呈稳步提高趋势，但五要素发展存在不均衡现象，控制活动要素的得分始终最高，而内部环境要素质量则存在明显短板。具体得分如表 4.1 所示。

表4.1　浙江省上市公司2016—2020年内部控制五要素得分

单位：分

要素	2016 年	2017 年	2018 年	2019 年	2020 年
内部环境	32.72	31.93	29.84	27.84	30.61
风险评估	38.35	45.66	48.45	60.88	62.23
控制活动	64.69	63.49	67.34	68.17	70.09
信息与沟通	54.61	49.38	47.29	51.72	55.39
内部监督	52.03	42.35	42.15	41.62	43.86

如图 4.5 所示，在 2016—2019 年，浙江省上市公司在内部环境上的得分逐年下滑，2020 年相较于 2019 年虽有所提升，但仍处于低位状态，2020 年内部环境单项得分为 30.61 分，存在较大的进步空间。与其他省份相比，浙江省上市公司在内部环境方面近五年来一直处于劣势，低于全国平均水平。浙江省上市公司应在内部环境的建设与维护上持续着力，为良好的内部控制奠定基石。

图4.5　2016—2020年全国与浙江省上市公司内部环境平均分

　　内部环境在很大程度上决定了企业内部控制的总体基调，其好坏程度直接影响到企业内部控制的贯彻和执行以及企业经营目标及整体战略目标的实现，内部环境出现漏洞往往会导致内部控制的重大缺陷。2019年，天马轴承（ST天马，002122）发布公告称，公司存在实际控制人凌驾于公司内部控制之上的情形，内部控制环境存在重大缺陷，实际控制人涉嫌通过预付采购款、支付投资款、违规借款、违规担保等方式侵占公司利益，对公司的正常经营造成威胁。2021年，天职国际会计师事务所表示，众泰汽车（ST众泰，000980）内部环境存在重大缺陷，该公司存在对外担保未履行审议与披露程序、职工薪酬和社保费用未能按时发放和缴纳、员工大量离职或不在岗、关键内控职能缺位、组织机构不能正常运行等问题。内控环境的重大缺陷使得其他内部控制措施无法正常开展，最终使得众泰汽车在经营停滞、资金短缺的泥淖中越陷越深。

　　提升内部控制环境质量是浙江省上市公司在未来发展中需要重点关注的，企业应积极完善内部治理结构，优化内部机构设计。董事会和高级管理层应当在高层建立基调，从整体上强调内部控制的重要性，营造重视内部控制的企业文化，着力提升职工的整体素养。

　　风险评估过程能够识别并分析影响企业控制目标完成度的多方面因素，是应对风险与预防风险的根本所在，它能够帮助信息获得者深入了解影响因素的作用机理，从而让企业管理者及时抓住矛盾的关键。

如图 4.6 所示，风险评估要素得分近五年来迅速上升，从 2016 年的 38.35 分上升至 2020 年的 62.23 分，几近翻倍。与全国上市公司在风险评估方面的平均得分相比，浙江省上市公司也一直处于领先地位，并且该领先优势逐年扩大。这表明在"十三五"期间，浙江省上市公司的风险意识明显增强，风险识别应对能力亦不断提升。2021 年，浙江水晶光电科技有限公司（水晶光电，002273）披露称其内部审计全面性不足，在内部风险评估环节缺乏合理预估，导致部分关键性风险未能及早发现。随后，水晶光电立刻着手增强自身内部审计的全面性，采取全面内控风险的集中检查及临时性抽查相结合的方式，对所属公司及子分公司进行全覆盖无盲区专项检查；特别强化财务内控的风险管理，对关键岗位进行严格把控，深挖业务本质；注重内部审计人员的能力提升，使其能精准定位内部风险，保证在风险暴露初期及早介入，发现风险并进行合理整改。

图4.6　2016—2020年全国与浙江省上市公司风险评估平均分

控制活动是指企业根据风险评估的结果采取相应的控制措施，从而将风险控制在可承受的范围之内。控制活动贯穿于企业的所有层次和各个职能部门，可谓内部控制的核心。如图4.7所示，控制活动要素向来是浙江省上市公司的长处所在，其得分在近五年中始终保持稳定上升趋势，从 2016 年的 64.69 分已波动上升至

2020 年的 70.09 分，表明浙江省上市公司高度重视对风险控制措施的运用。放眼全国，浙江省上市公司在控制活动上的变动趋势基本与全国平均水平保持一致，在数值上略低于全国平均水平。浙江省在该单项上的评分尽管在五要素中一直是最高的，但在未来仍需要持续加强相关内部控制活动的实施，及时发现并防范各类风险，争取在全国上市公司中取得领先地位。近年来，浙江省上市公司依托大数据、物联网等新兴技术，全面强化了生产、采购、销售、预算等多方面的内部控制活动，有效防范了企业生产经营各环节中可能出现的重大风险。

图4.7　2016—2020年全国与浙江省上市公司控制活动平均分

　　信息与沟通是建立与实施企业有效内部控制的重要条件，良好的信息系统与沟通制度能够帮助员工明确内部控制相关信息的收集、处理与传递程序，确保相关信息得到及时沟通，从而促进内部控制的有效运行。如图 4.8 所示，2016 年浙江省上市公司信息与沟通要素得分为 54.61 分，在 2017 年和 2018 年出现了持续下降的趋势，但自 2019 年起开始回升，并于 2020 年超过了 2016 年的水平，达到了 55.39 分。这体现了浙江省上市公司近年来在建设企业内部信息系统、打通信息沟通渠道等方面取得了初步成果。在该因素上与全国平均水平进行对比可以发现，二者的变动趋势基本保持一致，但浙江省上市公司的得分始终略低于全国平均水平。浙江省应充分依托技术优势和经济优势，加大在这一方面的内控建设力度，实现内控质量的全面提升。

随着信息技术和高新科技的不断发展，越来越多的上市公司逐步建立起了高水平、全方位的内部信息系统，助力企业内部控制总体水平的进一步提升。2022 年，浙江水晶光电科技有限公司（水晶光电，002273）披露了其 2021 年度的内部控制存在一般缺陷，指出公司内信息系统建设滞后于内部整体业务的发展进度，公司业务规模的扩大与生产基地的扩大加大了管理的难度，急需公司通过现代化的管理手段来完善管理内容并实现管理范围的全覆盖，但当时公司的管理载体较大范围停留在人工管理阶段，尚未全面普及运用信息化技术搭载的内部管控流程；公司内部通过信息化系统实现数据之间的集成、流程的自动化等进度尚停留在初级阶段，内部管理基础相对薄弱。在发现这一内控缺陷之后，水晶光电明确了自身需要加快信息系统的建设进度以及信息化蓝图及其实现路径，先将重点集中在财务、人力资源、生产、办公系统的信息化建设上，优先解决与业务发展息息相关的基础系统信息化问题，逐步推进全面的信息化系统管理，通过系统控制规避人工控制的固有缺陷，最终实现企业内部管理的现代化和科学化。

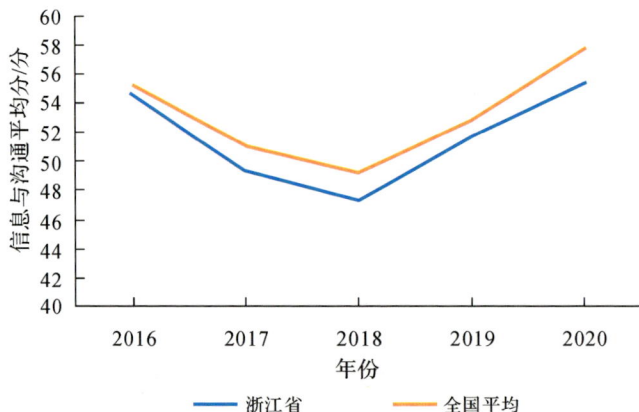

图4.8　2016—2020年全国与浙江省上市公司信息与沟通平均分

内部监督是企业以风险为导向确定监督重点，基于成本效益原则选择实施监督程序，发现并改进控制缺陷，从而合理确保内部控制体系持续有效运行的过程。内部监督的有效实施可以实现内部控制缺陷的最小化，维护内部控制体系的有效运行，从而合理保证控制目标的实现，提升企业价值（樊行健和宋仕杰，2011）。但值得注意的是，如图 4.9 所示，浙江省上市公司内部监督要素得分自 2016 年以来就基本呈现下降趋势，2020 年稍有回升，但仍旧与 2016 年的 52.03 分有较大差距；2017 年和 2018 年，浙江省在该因素上的得分均低于全国上市公司在该因素上的平均得分，近几年差距有所缩小，完善内部监督仍是浙江省上市公司健全内部控制的一大攻关点。

图4.9　2016—2020年全国与浙江省上市公司内部监督平均分

有效内部监督的缺失往往也会导致重大的内部控制缺陷。2019 年，天马轴承（ST 天马，002122）被指出存在公司实际控制人凌驾于内控之上等多项事项，公司人员流失严重，公司原审计部负责人于 2018 年 7 月离职导致 2018 年下半年公司内部监督程序未能有效开展，内部审计部门未能定期对关联交易、对外投资、对外担保等事项进行检查，亦未向审计委员会定期汇报工作，形成内部控制重大缺陷，公司的正常经营活动也受到了重大影响。

浙江企业在未来应加强对其内部控制的健全性、合理性和有效性的检查与评估，着力提升企业内部的自查自纠能力；积极营造监督环境，关注内部组织结构设计及权责分配、内部审计工作和人力资源政策的制定与实施；根据风险重要性水平和控制失效发生的可能性明确监督重点，在重点监督关键控制点的基础上兼顾次重点项目；合理开展日常监督和专项监督，选择适合自身的监督程序，不断对内控体系进行验证与更新。

第二节 浙江省内各地市上市公司内控建设情况

对浙江省内各地级市的上市公司内控指数进行排序，结果如表 4.2 所示。可以发现，2016—2020 年内始终位列前五的为杭州市、温州市，在前五排行榜上出现四次的为台州市，出现三次的为金华市。从 2018 年开始，杭州市蝉联省内第一，体现出杭州市在企业内部控制的建设上持续着力以实现高质量发展，为省内其他地市起到了表率和标杆作用。从各地拥有的上市公司数量来说，前五名主要是杭州市、宁波市、绍兴市、台州市、嘉兴市，而宁波市、绍兴市、嘉兴市在全省内部控制指数排名与上市公司数量排名存在差距，说明这些地区内上市公司内部控制状况两极分化较为严重。

表4.2 2016—2020年浙江省上市公司内部控制指数排名前五地市

2016 年	2017 年	2018 年	2019 年	2020 年
衢州市	台州市	杭州市	杭州市	杭州市
温州市	杭州市	温州市	温州市	台州市
绍兴市	温州市	绍兴市	台州市	温州市
杭州市	金华市	金华市	湖州市	宁波市
湖州市	宁波市	台州市	衢州市	金华市

浙江省内各地市 2016—2020 年上市公司内部控制总得分如图 4.10 所示，丽水市和舟山市受个别公司影响较大，各年之间的波动也显得较为剧烈，其余各地总体表现出一致的变化趋势，总体得分稳中向上。

从内部控制五要素的角度进一步来分析浙江省各地级市的内部控制情况。在内部环境方面，如图 4.11 所示，2016—2020 年温州市表现亮眼，基本处在最高位状态；杭州市紧随其后，并且在 2020 年较 2019 年有一定涨幅，首次在该项得分上超过了温州市，位居全省第一，说明杭州市上市公司在内部环境的提升方面不断发力，近年来建设成果逐步显现；丽水市和舟山市在内部环境上自 2017 年以来出现了较大跌幅，尽管在 2020 年有所上升，但在全省排名中仍处于劣势，这两地的上市公司在未来应加强对内部环境的重视，为企业的全面内控营造一个良好的培育环境。

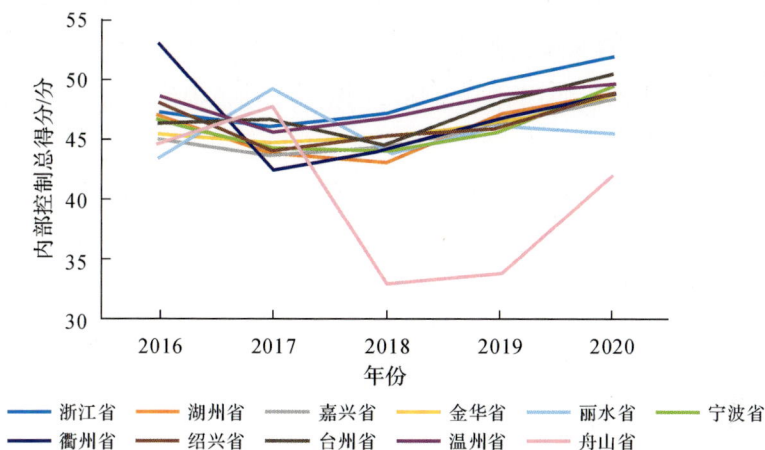

图4.10 2016—2020年浙江省各地市上市公司内部控制总得分

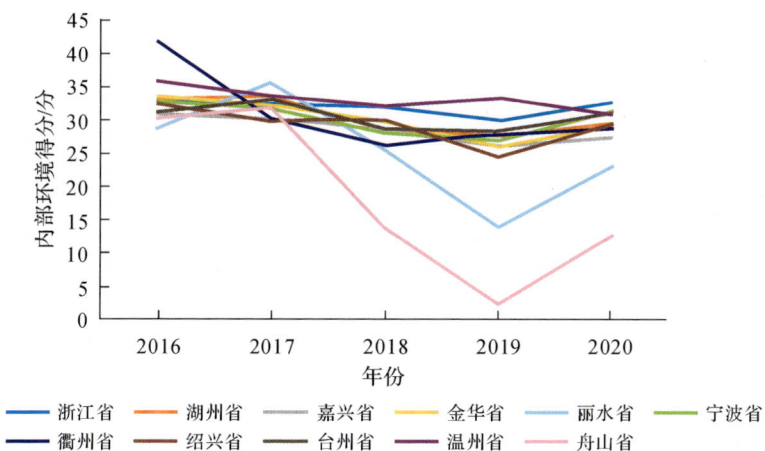

图4.11 2016—2020年浙江省各地市上市公司内部环境得分

在风险评估方面，如图 4.12 所示，2016—2020 年，浙江省各地市上市公司的得分总体都呈现上升趋势，丽水市和舟山市年度之间的变化幅度最大，尤其在2019 年之后，丽水市与舟山市跃居首位，主要系两地上市公司较少，受个别企业的影响较大所致。结合前述信息可知，这两地的上市公司在内部环境方面建设不足，而在风险评估方面表现较为出色，在未来应保持优势、弥补不足，实现内部控制五要素的全面发展，从而促进企业自身的高质量、可持续发展；宁波市、金华市、湖州市在全省整体排名中稍显落后，在未来建设中有待着力，但与其他地级市差距不大。总体来说，在风险评估能力上，全省各地市的上市公司都在近五年内实现了综合提升，为企业内部风险的识别与防范提供了强有力的助益。

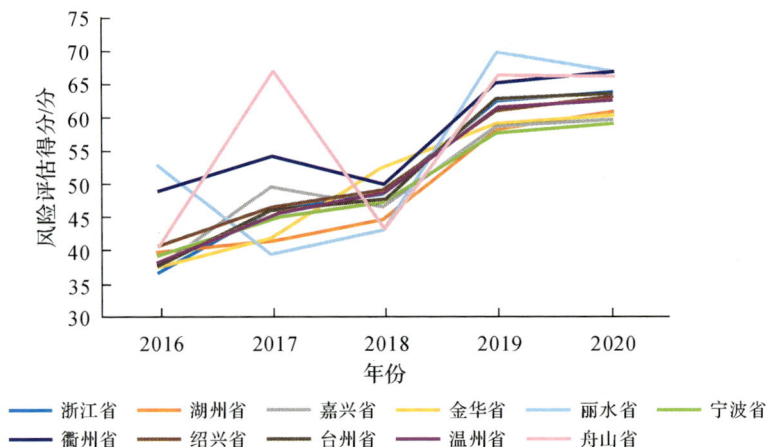

图4.12　2016—2020年浙江省各地市上市公司风险评估得分

　　在控制活动方面，如图4.13所示，浙江省上市公司总体保持在较高水平，近五年来该项得分始终保持在50分以上，且2020年绝大多数地市得分均在70分左右。丽水市和舟山市受个别企业影响较大，在各年度之间依旧出现了较大波动，说明这两个地市的上市公司内部控制建设水平不稳定，在各年度之间出现了较大差异，在未来应追求高水平稳定发展，但总体来说，这两地上市公司的控制活动得分尚佳，各年度持续大于50；其他地市间该项得分差距不大，杭州市处于较稳定的领先状态，这也进一步体现了浙江省上市公司在控制活动方面的建设可圈可点，并且实现了全方位、全地域的共同发展。

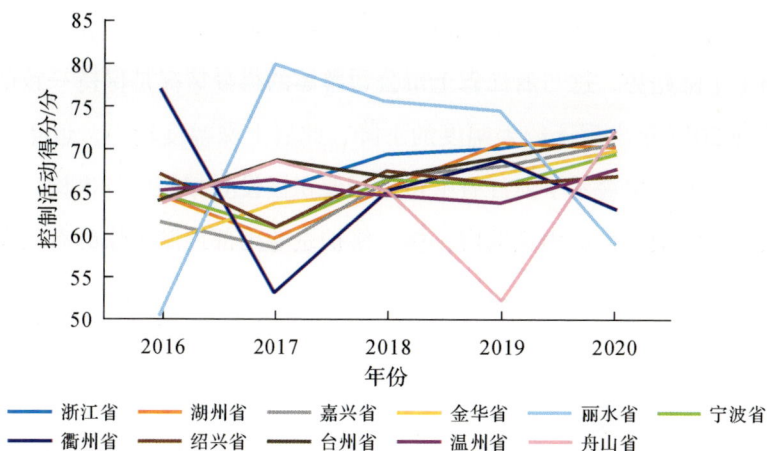

图4.13　2016—2020年浙江省各地市上市公司控制活动得分

　　在信息沟通方面，浙江省各地市的上市公司亦均有不错的表现，如图 4.14 所示，自 2018 年以来呈现总体上升的趋势，杭州市的上市公司在信息沟通上得分较为平稳，且基本保持在领先水平；舟山市上市公司在信息沟通方面的表现在全省处于落后地位，应积极寻找标杆，对标先进，结合自身企业实际建立起现代化的信息系统，并保持上下级、内外部之间的信息流畅通；其余地市在该项上的得分差距较小，基本实现了同步发展，有利于浙江省上市公司整体内部控制质量的提升。

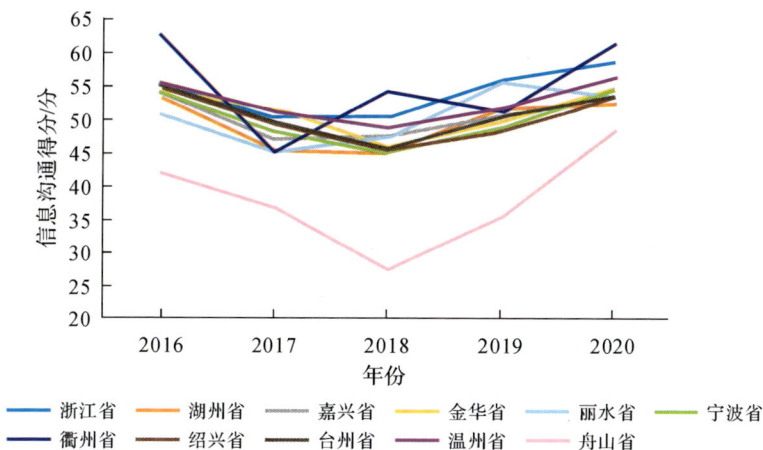

图4.14　2016—2020年浙江省各地市上市公司信息沟通得分

在内部监督方面，如图 4.15 所示，浙江省各地市上市公司的得分在近五年来呈现出了下降趋势，这与浙江省上市公司整体的得分情况是保持一致的。各地市得分均在 2017 年出现了较大幅度的下降，此后上涨幅度较小，近年来在内部监督方面表现不佳更警示了浙江省上市公司要积极设立相关监督机构、吸收专业人员开展全程、全方位的内部监督工作，维护企业内部控制工作的有效展开，牢牢巩固防范重大风险发生的内部重要防线。

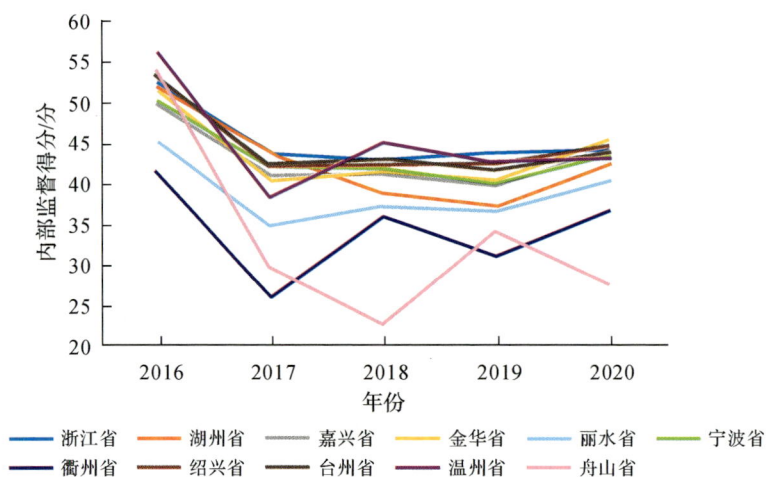

图4.15　2016—2020年浙江省各地市上市公司内部监督得分

再对省内企业进行内控 30 强的分析。2016 年，浙江内控 30 强公司分布占比前五的地级市依次为杭州市、绍兴市、台州市、宁波市、温州市；2017 年占比前五的地级市依次为杭州市、绍兴市、台州市、宁波市、温州市；2018 年占比前五的地级市依次为杭州市、绍兴市、台州市、宁波市、温州市；2019 年占比前五的地级市依次为杭州市、绍兴市、宁波市、台州市、嘉兴市；2020 年占比前五的地级市依次为杭州市、绍兴市、宁波市、台州市、嘉兴市。各地市具体占比如图 4.16 至图 4.20 所示。

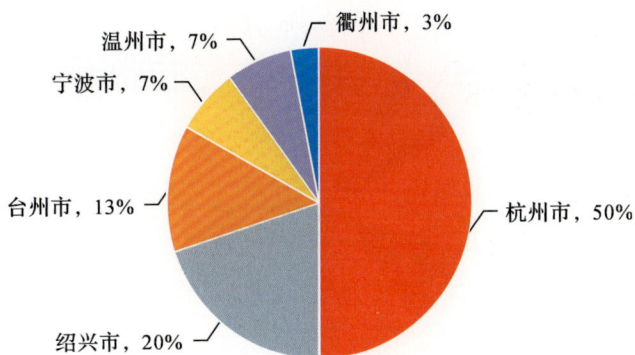

图4.16　2016年浙江内控30强公司区域分布

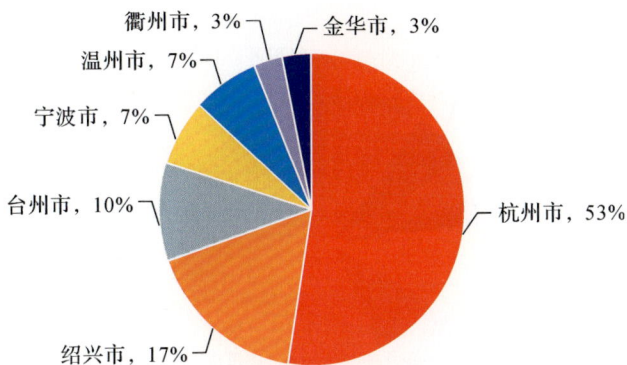

图4.17　2017年浙江内控30强公司区域分布

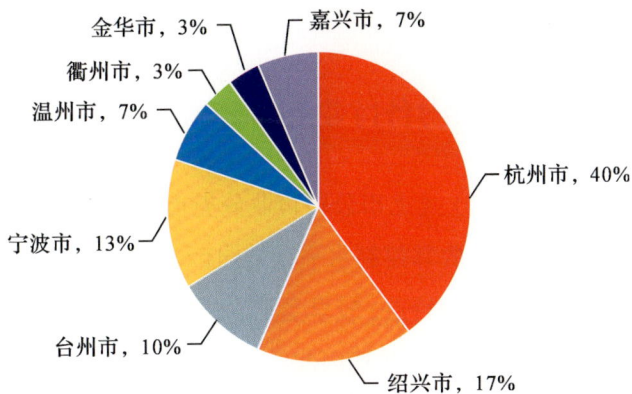

图4.18　2018年浙江内控30强公司区域分布

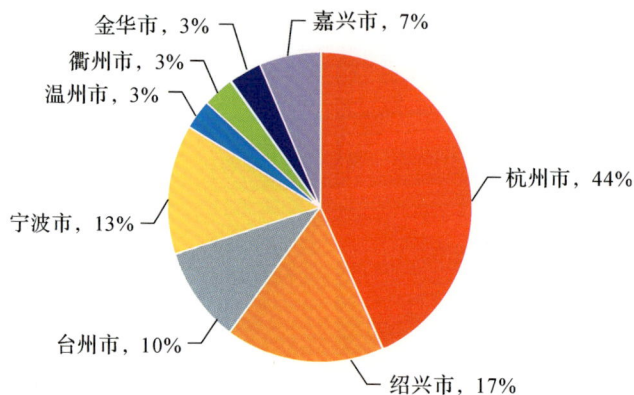

图4.19　2019年浙江内控30强公司区域分布

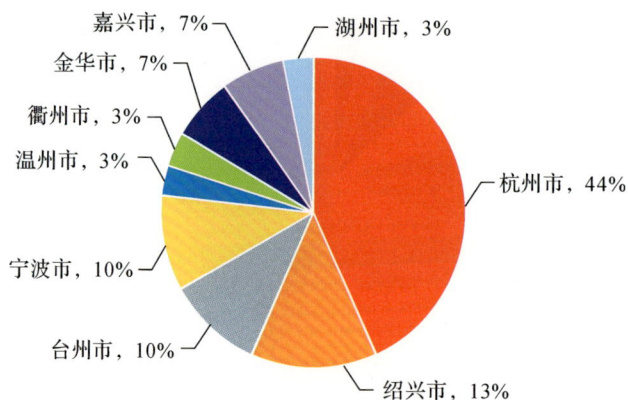

图4.20　2020年浙江内控30强公司区域分布

第三节　浙江省内各行业上市公司内控建设情况

按照中国证监会（CSRC）《上市公司行业分类指引》（2012 版），我国上市公司分为 14 个大类行业。内部控制水平在不同行业上市公司表现出了较大差异。金融业由于其自身高风险的特点，较早受到了政府部门的监管，早在 1997 年，中国人民银行就发布了《加强金融机构内部控制的指导原则》，要求各金融机构必须建立科学完善的内部控制制度，证监会在 2000 年、2003 年发布的《公开发行证券公司信息披露编报规则》、银监会 2004 年颁布的《商业银行内部控制评价试行办法》以及 2007 年颁布的《商业银行内部控制指引》等相关法规，都对金融业公司的内部控制起到了积极的促进作用。

如图 4.21 所示，2016 年浙江省内部控制指数得分前三的行业分别为金融业，水利、环境和公共设施管理业，卫生和社会工作。2017 年前三名分别为交通运输、仓储和邮政业，文化、体育和娱乐业，批发和零售业，当年金融业掉出前三强主要是本身金融业数量较少，且当年多家公司存在违规行为，受到了监管机构的处罚，导致行业整体内控情况发生巨大变动。金融业风险较大，对其公司内部控制的监管仍需不断加强。2018 年前三名分别为金融业，交通运输、仓储和邮政业，水利、环境和公共设施管理业，2018 年金融业情况有所好转，重回行业内控排行榜第一，但与省外同行还存在较大差距，仍有较大的成长潜力。2019 年前三名分别为交通运输、仓储和邮政业，金融业，电力、热力、燃气及水生产和供应业，这三类行业公司数量较少，受单个公司的影响较大。例如，申通快递内控质量的改善对整个交通运输行业的内控水平产生了较大影响。

总体来说，在"十三五"期间，金融行业和交通运输、仓储和邮政行业基本处于行业内控排行榜中的前列，但这两个行业中的企业数量都较少，受个别企业的影响较大。浙江省上市的金融企业数量较少，规模相对较小，这与浙江省经济体量不成正比，金融行业可成为未来发展的主要着力点。浙江省是制造大省，制造业企业数量最多，每年进入内部控制百强的浙江上市公司中，也有不少是制造业企业，但是制造业内部控制的平均得分相比于其他行业并不高，表明制造业企业内部控制水平差异较大，提升制造业整体的内部控制质量是浙江省未来保持高质量可持续发展的关键点。

2016年　　　　　　　　　　　　　　　2017年

金融业 ●━━━━━━━ 01 ━━━━━━━● 交通运输、
　　　　　　　　　　　　　　　　　　仓储和邮政业

水利、环境和 ●━━━━ 02 ━━━━● 文化、体育
公共设施管理业 　　　　　　　　　　和娱乐业

卫生和 ●━━━━ 03 ━━━━● 批发和零售业
社会工作

2018年　　　　　　　　　　　　　　　2019年

金融业 ●━━━━━━━ 01 ━━━━━━━● 交通运输、
　　　　　　　　　　　　　　　　　　仓储和邮政业

交通运输、●━━━ 02 ━━━● 金融业
仓储和邮政业

水利、环境和 ●━━━ 03 ━━━● 电利、热力、燃气
公共设施管业 　　　　　　　　　　及水生产和供应业

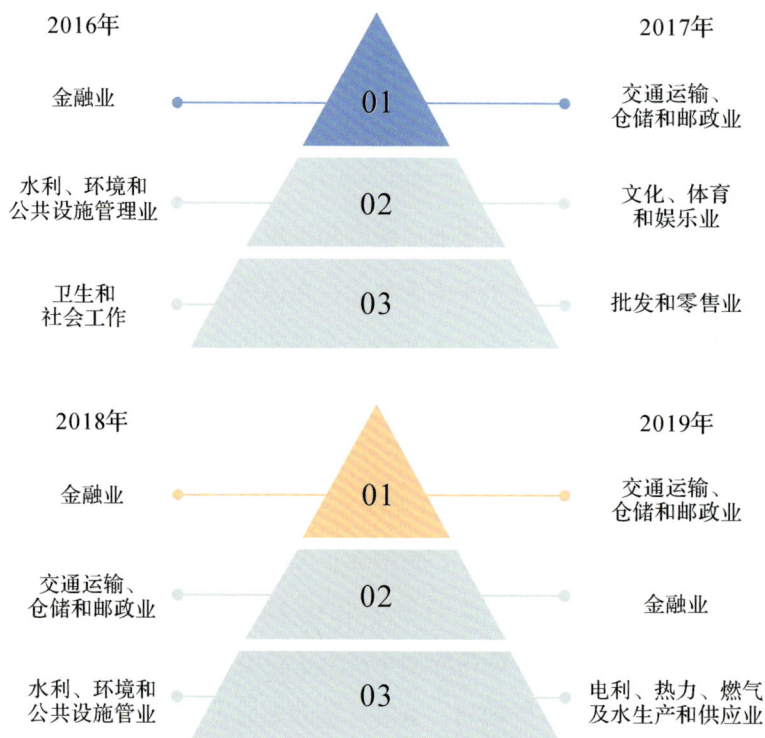

图4.21　2016—2019年浙江省内部控制指数得分前三的行业

第四节　产权性质、可持续发展与内控建设

民营经济的蓬勃发展是浙江经济的一大亮点,也是浙江发展模式的一大特色,民营经济的发展质量也会在很大程度上影响浙江省整体经济发展的质量。按照产权性质对浙江省上市公司进行分类,再分别统计其在 2016—2020 年的内控平均得分,结果如图 4.22 所示,浙江省国有企业的内部控制得分自 2016 年来始终呈现稳步上升的趋势,说明其内控质量稳步提升;而民营企业在 2017 年、2018 年均出现了小幅下降,且内控发展进度缓慢,在 2019 年及之后出现了上升,但整体来说近五年民营企业的内部控制得分均低于国有企业,且该差距逐年增大。结合浙江省内部控制 30 强可知,30 强中民营企业的占比较大,说明省内民营上市公司内部控制质量两极分化较为严重,存在不少在内部控制上表现出色的企业,

也存在一部分仍存在较大进步空间的民营企业，民营企业内控建设的总体质量不如国有企业。

民营企业是浙江省经济发展的基石所在，高质量发展重大任务的实现也必然要求民营企业承担起时代的重任。未来，民营企业要进一步提升内控意识，结合自身实际向标杆看齐，在企业发展的道路上不仅注重量的积累，更要注重质的提升，争取早日在内部控制整体质量水平方面与国有企业看齐，共同成为浙江省实现高质量发展的有力双驱。

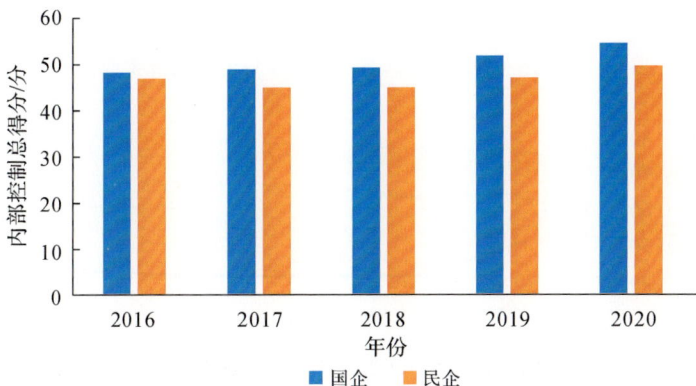

图4.22　2016—2020年浙江省不同产权性质上市公司的内部控制总得分

进一步对浙江省国有上市公司和民营上市公司的内控五要素展开分析，如图4.23至图4.24所示。在趋势变动上，2016—2020年二者基本保持一致，控制活动均为其优势因素，且内部环境均为其弱势因素，说明不论是民营企业还是国有企业，未来都应当更加注重企业的内部控制环境建设以及内部监督体系的建立；在数值变动上，民营企业2016—2020年在各要素上均劣后于国有企业，其中，内部环境、风险评估、信息与沟通等方面的差距较大。民营企业虽然在发展趋势上能够和国有企业基本保持一致，但由于其内控基础较之国有企业更为薄弱，因此需要加强对内部控制的重视程度，尤其要重点关注目前与国有企业存在较大差距的内控因素。

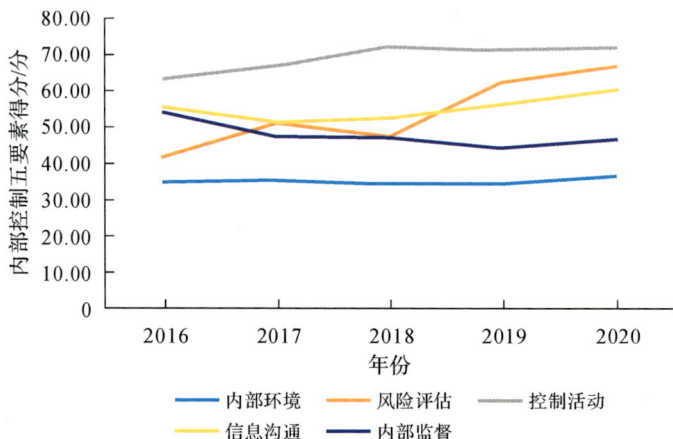

图4.23　2016—2020年浙江省国有企业内部控制五要素得分

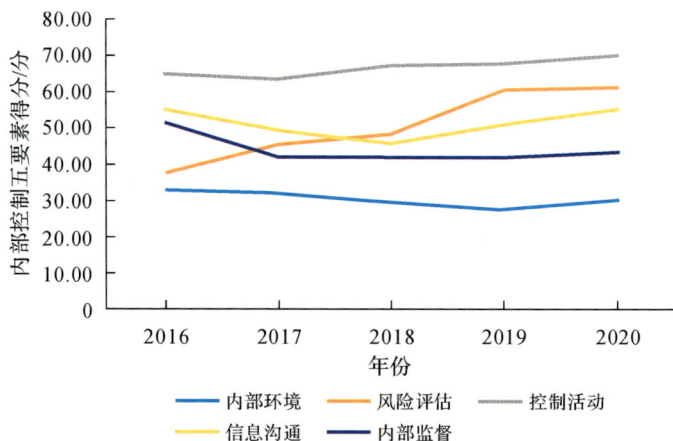

图4.24　2016—2020年浙江省民营企业内部控制五要素得分

　　此外，随着中国经济转型升级和金融对外开放持续深化，强调环境（environmental）、社会（social）和公司治理（governance）综合价值的ESG理念作为可持续发展理念在企业微观层面的反映，越来越受到各界关注。2006年，深交所发布了《上市公司社会责任指引》；2008年，上交所发布了《关于加强上市公司社会责任承担工作的通知》，同年，我国发行了第一只真正意义上的社会责任公募基金；2012年，香港联合交易所出台了《环境、社会和治理指引》；2018年，A股被正式纳入MSCI新兴市场指数和MSCI全球指数，证监会修订的《上市公司治理准则》确立了中国 ESG 基本框架，同年，基金业协会发布《中国上市公司 ESG 评价体系研究报告》和《绿色投资指引（试行）》；2019 年，基金业协会发布了《关于提交〈绿色投资指引（试行）〉自评估报告的通知》，ESG 成为需要资产管理机构切实履行相关义务的实践原则之一。

2020 年 9 月 22 日，习近平主席在第七十五届联合国大会上提出中国"二氧化碳排放力争于 2030 年前达到峰值，努力争取 2060 年前实现碳中和"[①]的目标后，ESG 更是成为落实可持续发展目标的重要抓手，也是评估企业综合水平的关键标准。2020 年 9 月，《中共中央　国务院关于完整准确全面贯彻新发展理念做好碳达峰碳中和工作的意见》正式发布，文件中专门论述了"积极发展绿色金融"，为未来数年 ESG 和绿色金融的发展奠定了"双碳"基调。

在《2020 浙江上市公司内部控制指数报告》中，我们首次引入了 ESG 指标对内部控制 30 强上市公司和非 30 强上市公司进行了差异分析，其中，ESG 得分数据来自 WIND 数据库。结果如图 4.25 所示，非 30 强公司的 ESG 得分显著低于 30 强公司，说明 ESG 与上市公司高质量发展紧密相连，内部控制质量高的企业更关注企业环境、社会、治理绩效。

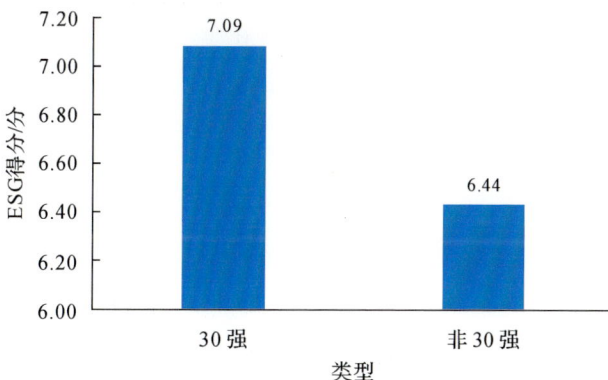

图4.25　浙江上市公司30强与非30强ESG得分差异

---

① 习近平：实现"双碳"目标，不是别人让我们做，而是我们自己必须要做 [EB/OL].（2022-05-23）[2022-06-30]. https://m.gmw.cn/baijia/2022-05/23/35756458.html.

　　绿水青山就是金山银山。绿色低碳的可持续发展不仅能够保持企业自身的生命力，而且作为绿色发展的重要主体，所有企业共同决定了整个经济社会的发展质量与发展方向。根据同花顺 ifind 对各上市公司所属概念的分类，我们将浙江省上市公司所属概念中含有诸如"绿色""节能环境""新能源""新材料""碳中和"等关键词的公司归为"绿色低碳类"，将剩余部分归为"非绿色低碳类"，对两类公司的内部控制得分进行分析，结果如图 4.26 所示。绿色低碳类上市公司内部控制平均分为 46.87 分，高于非绿色低碳类上市公司 45.55 分的内控均分，说明前者基于其精细化管理和企业战略定位的需要，更加注重企业内部控制各方面的建设。相应地，其整体发展质量也较非绿色低碳类上市公司更高。

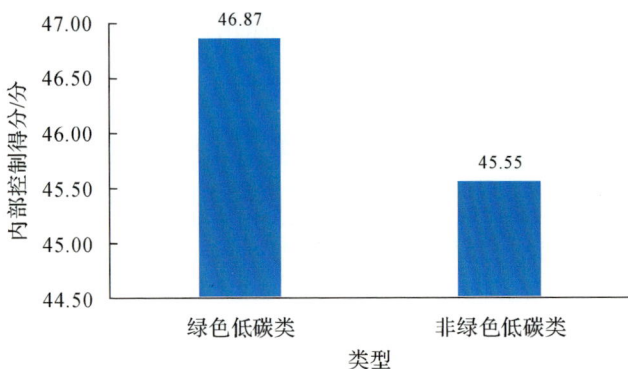

图4.26　浙江省绿色低碳类与非绿色低碳类上市公司内部控制得分差异

第五章

浙江上市公司内部控制最佳实践的评价与分析

正如前文所言，2016—2020 年，在"凤凰行动""雄鹰行动""雏鹰行动"等一系列计划的鼓励和支持下，浙江省上市公司质量不断向更高水平迈进，但在国际环境不确定性显著增加的形势下，上市公司的内部控制依然有诸多不完善之处。在上市公司内部控制建设的实践中，了解与内部控制最佳实践之间的差距，学习先进的内部控制建设经验，有助于提升公司内部控制建设的效率和效果。

在 2016—2020 年的《浙江上市公司内部控制指数报告》中，共有 59 家上市公司先后进入浙江上市公司内部控制 30 强榜单。本章基于前述内部控制指数评价得出的结果，对 2016—2020 年浙江省上市公司内部控制 30 强企业的特征和这些特征的历年变化进行了分析。在此基础上，比较了 30 强上市公司和非 30 强上市公司之间的差异，并介绍了正泰电器和物产中大这两家连续五年蝉联 30 强榜单前列的上市公司的实践经验，以期为上市公司的内部控制建设提供有益借鉴，为浙江省实现高水平全面建设社会主义现代化的"十四五"规划目标助力。

第一节　浙江高质量内部控制上市公司特征分析

2016—2020 年，先后上榜浙江上市公司内部控制 30 强的 59 家上市公司中，既有连续五年蝉联 30 强的正泰电器、物产中大等行业龙头企业，也有士兰微、福斯特等于 2020 年首次登榜的高新技术企业。本节对 2016—2020 年浙江上市公司内部控制 30 强的内控水平、企业性质、地域分布和行业分布进行了分析比较。总体来说，这五年，浙江上市公司内部控制 30 强呈现出门槛逐年提升、非国有企业占比保持稳定、高质量内控企业所属地域多元化和行业多元化的整体趋势。

一、内部控制30强门槛逐年提升

2016—2020 年，先后有 59 家上市公司进入浙江上市公司内部控制 30 强榜单。其中，正泰电器、物产中大、英特集团、新和成、大华股份、伟星新材、巨化股份、三花智控和老板电器连续 5 次上榜。除此之外，8 家公司上榜 4 次，11 家公司上榜 3 次，9 家公司上榜 2 次，22 家公司上榜 1 次，如图 5.1 所示。

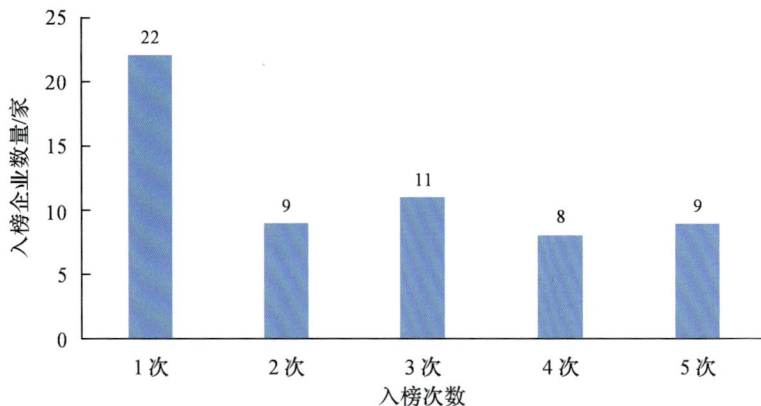

图5.1　浙江上市公司上榜内部控制30强次数统计

如表 5.1 和图 5.2 所示，2016—2020 年，连续 5 次上榜浙江省内部控制 30 强榜单的 9 家上市公司的内部控制指数均呈现波动上升趋势，其中，物产中大、英特集团、新和成、大华股份和老板电器的内部控制指数连续 5 年上升。2020 年，这 9 家上市公司的内部控制指数首次均超过 60 分，说明浙江省高质量内部控制上市公司的整体内控水平持续提升，起到了较好的模范作用。

表5.1　浙江连续5年上榜30强上市公司内部控制指数

公司名	2016 年	2017 年	2018 年	2019 年	2020 年
正泰电器	63.55	62.52	66.64	67.86	71.92
物产中大	60.49	62.17	64.04	66.59	68.40
英特集团	59.21	59.62	63.30	65.04	68.32
新和成	59.78	60.18	63.69	66.45	68.23
大华股份	61.45	64.01	64.01	64.80	67.79
伟星新材	60.07	58.71	59.52	59.24	66.83
巨化股份	56.39	57.05	56.68	59.35	65.37
三花智控	56.72	56.65	59.52	61.06	61.74
老板电器	57.64	58.97	59.76	60.04	61.07

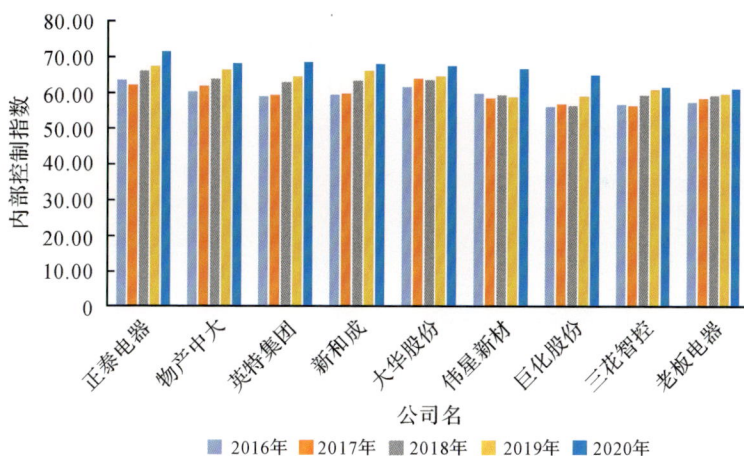

图5.2　浙江连续5年上榜30强上市公司内部控制指数变化趋势

与2019年相比，浙江东方、士兰微、福斯特、锦浪科技、晶盛机电、浙江鼎力、荣盛石化、双环传动、康恩贝等9家公司为2020年新上榜上市公司。其中，除浙江东方以外，其他公司均为首次上榜。浙江东方曾于2017年以60.69分的内控指数得分登榜30强第10位，但在2018年和2019年都未能进入30强。2020年，浙江东方围绕"建平台、促发展、提管理、控风险、树品牌——全力打造金控平台高质量发展新格局"的工作思路加强内部控制和风险管理，并以 67.34 分的内控指数得分重回 30 强榜单前 10 名。浙江东方作为一家金融企业，其内部控制质量的提升充分体现出在我国防范化解重大金融风险的背景下，浙江省上市公司在加强内部控制建设方面的重大进步。

二、非国有企业30强占比保持稳定

民营经济是浙江经济的最大特色、最大优势和最大资源。如图 5.3 所示，2016—2020 年，浙江省 30 强上市公司中，企业性质为非国有企业的比例稳定维持在 72% 左右，表明浙江非国有企业内部控制建设整体稳定，民营经济呈现高质量发展。在"凤凰行动""雄鹰行动""雏鹰行动"等一系列计划下，浙江民营经济已成为浙江的重要竞争力，成为经济社会发展的重要引擎。

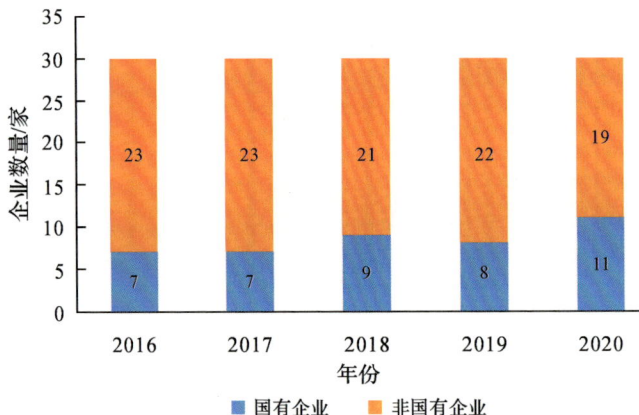

图5.3　浙江上市公司内部控制30强企业性质

与此同时，需要关注的是，虽然 30 强上市公司中非国有企业的比重保持稳定，但相比于浙江省国有和非国有上市公司的总数而言，30 强上市公司中，非国有企业占全省非国有上市公司的比重在逐年下降。如图 5.4 所示，由 2016 年的 7.74% 下降至 2020 年的 4.04%。这主要是"十三五"期间，浙江省非国有企业上市公

司的数量快速增长，基数迅速扩大所致。这一现象也说明，在浙江省非国有企业
上市公司数量实现高速度增长的同时，上市公司内部控制高质量发展的问题依然
需要得到进一步的关注和重视。

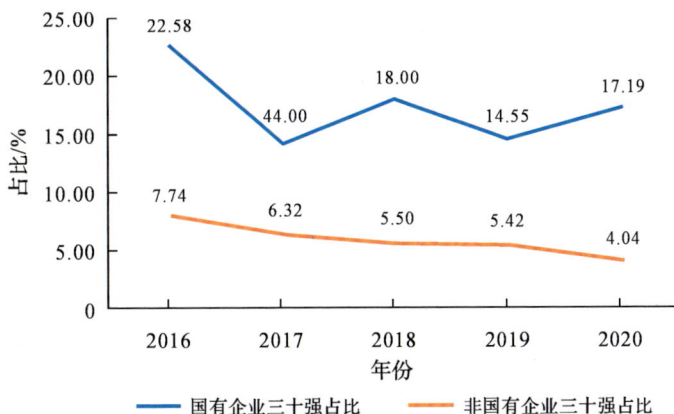

图5.4 浙江上市公司内部控制30强占全省上市公司总数比

三、高质量内部控制企业地域与行业多元化

2016—2020 年，浙江省上市公司内部控制 30 强的地域分布呈现显著的多
元化变化趋势。如表 5.2 所示，历年浙江省上市公司内部控制 30 强中，杭州市
上市公司占比最高，平均占比为 46%，绍兴市和台州市次之，分别为 16.7% 和
10.7%。但是，2016—2020 年，这三座城市的内部控制 30 强在所有 30 强上市公
司中的占比均呈现下降趋势。而嘉兴市、金华市和湖州市的上市公司占比则有所
提升，五年内先后实现了 0 的突破。浙江省上市公司内部控制 30 强的整体地域
分布也从 2016 年的集中在以杭州市为首的 6 座经济强市，转变为 2020 年分布于
9 座地级市。虽然近 50% 的上市公司集中于杭州市的整体分布没有改变，但高质
量内部控制上市公司地域分布多元化的趋势明显。

表5.2　浙江历年内部控制30强上市公司地域分布

单位：家

地级市	2016 年	2017 年	2018 年	2019 年	2020 年
杭州市	15	16	12	13	13
绍兴市	6	5	5	5	4
台州市	4	3	3	3	3
宁波市	2	2	4	4	3
嘉兴市	0	0	2	2	2
金华市	0	1	1	1	2
湖州市	0	0	0	0	1
温州市	2	2	2	1	1
衢州市	1	1	1	1	1

　　同时也需要注意到，历年浙江省上市公司内部控制30强从整体上来看仍然集中分布于杭州、绍兴、宁波和台州等地级市。这也意味着，高质量内部控制企业地区间分布不平衡的现象虽然有所缓解，但未彻底解决，距离实现全省各区域企业内部控制建设齐头并进的目标仍然存在一定的差距。

　　2016—2020 年，浙江省上市公司内部控制30强分布于制造业，交通运输、仓储和邮政业，批发和零售业，卫生和社会工作，电力、热力、燃气及水生产和供应业，文化、体育和娱乐业，信息传输、软件和信息技术服务业，金融业，房地产业这 9 个一类行业中。

　　如表 5.3 所示，2016—2020 年，浙江省上市公司内部控制30强主要分布于制造业，平均占比为 66.7%。2016 年，只有制造业，批发和零售业，卫生和社会工作，文化、体育和娱乐业，以及房地产业这 5 个行业有内部控制30强上市公司；但在 2020 年，交通运输、仓储和邮政业，电力、热力、燃气及水生产和供应业，以及信息传输、软件和信息技术服务业均涌现出内部控制30强公司。这一现象体现出高质量内部控制上市公司的行业分布多元化。

表5.3 浙江省历年内部控制30强上市公司行业分布

单位：家

行业类别	2016 年	2017 年	2018 年	2019 年	2020 年	变动
制造业	21	18	21	19	21	0
交通运输、仓储和邮政业	0	1	2	3	2	2
批发和零售业	3	4	3	3	2	−1
卫生和社会工作	1	1	0	1	1	0
电力、热力、燃气及水生产和供应业	0	1	1	1	1	1
文化、体育和娱乐业	1	4	1	1	1	0
信息传输、软件和信息技术服务业	0	0	1	1	1	1
金融业	2	0	1	1	1	−1
房地产业	1	1	0	0	0	−1

2020 年 10 月 29 日，中国共产党第十九届中央委员会第五次全体会议审议通过《中共中央关于制定国民经济和社会发展第十四个五年规划和二〇三五年远景目标的建议》，明确提出要发展战略性新兴产业。浙江省也采取规划引领、创新驱动、载体支撑、试点示范等四大举措，集中力量推动战略性新兴产业高质量发展。2020 年发布的《浙江上市公司内部控制指数报告》首次对浙江省上市公司内部控制 30 强所属战略性新兴产业的情况进行了分析。如图 5.5 所示，2020 年，超过 50% 的 30 强上市公司为新兴产业企业，说明在我国加快做大做强战略性新兴产业的背景下，浙江省战略性新兴产业上市公司的内部控制质量也呈现快速上升趋势。

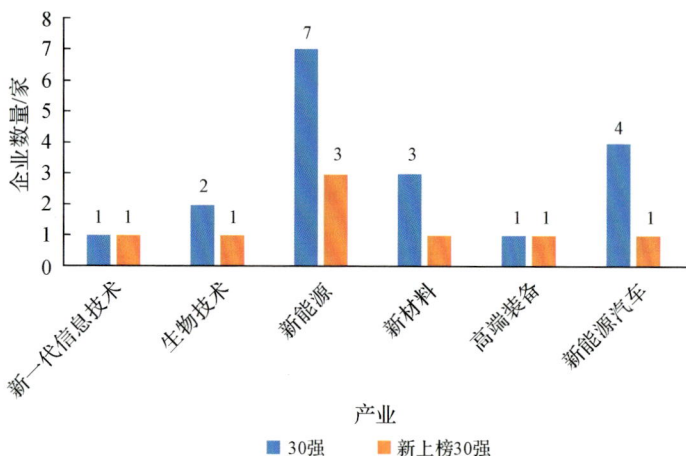

图5.5　浙江上市公司内部控制30强战略性新兴产业分布情况

第二节　浙江上市公司内部控制水平差异分析

一、内部控制整体差异分析

总体上，2016—2020年，如图5.6和图5.7所示，上榜浙江省内部控制30强的上市公司的内部控制指数均值比未上榜上市公司的均值高30%以上。其中，2018年差异最大，为36.15%。2018年以后，30强上市公司与非30强公司的差异逐步缩小，并于2020年达到最小值30.42%。

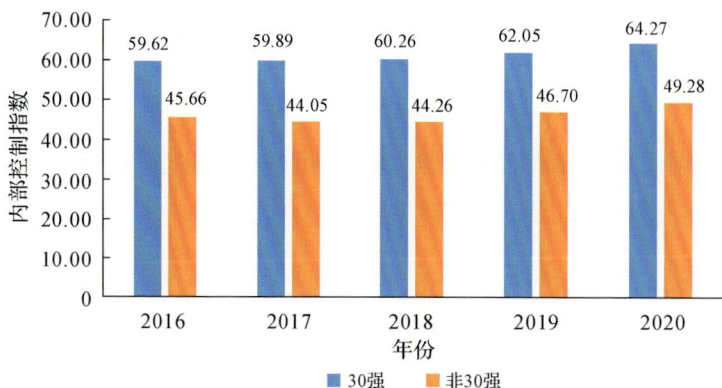

图5.6　浙江历年上市公司30强与非30强内部控制指数均值

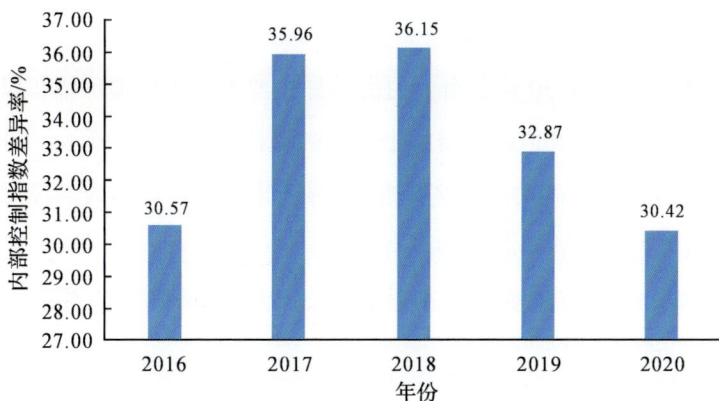

图5.7　浙江历年上市公司30强与非30强内部控制指数差异率

为进一步对 30 强与非 30 强上市公司之间的差异进行细分，我们比较了上市公司内部控制 30 强和上市公司内部控制指数后 30 名的内部控制指数均值。如图 5.8 所示，与 30 强内部控制指数均值逐年增长的强劲态势不同，内部控制后 30 名上市公司的内控指数均值在 2016—2020 年间呈现波动下降的趋势，导致了内部控制 30 强上市公司和后 30 名上市公司之间的差异日益扩大。这也说明了浙江上市公司内部控制的两极分化愈发明显，应对内部控制水平较低的上市公司予以更多关注和合理引导。

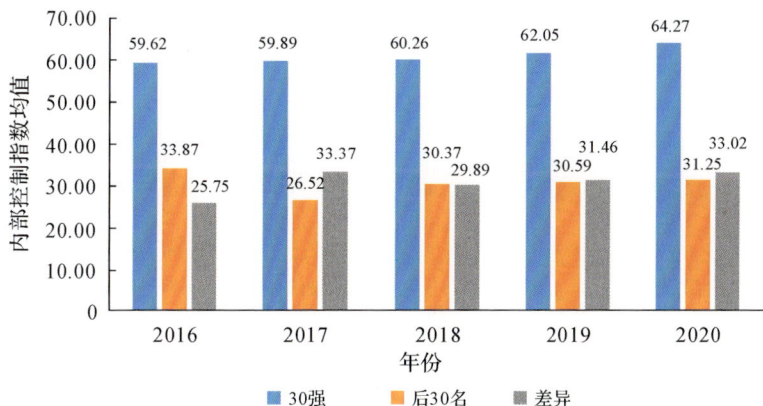

图5.8　浙江历年上市公司内部控制指数前30名与后30名均值变化

二、内部控制五要素差异分析

30 强上市公司与非 30 强上市公司的差异主要来源于内部环境、风险评估、控制活动、信息与沟通和内部监督五个方面的变化。如表 5.4 所示，30 强上市公司内部控制五要素指数的均值均高于非 30 强上市公司，说明内部控制质量高的上市公司在内部控制的各个方面均具有优势。

表5.4 浙江30强与非30强上市公司内部控制五要素差异

类别	内部环境	风险评估	控制活动	信息与沟通	内部监督
30 强（2016）	44.84	47.87	82.49	66.77	63.15
非 30 强（2016）	31.50	37.39	62.90	53.39	50.91
差异	13.34	10.48	19.59	13.38	12.24
30 强（2020）	49.71	71.24	85.21	68.11	54.38
非 30 强（2020）	29.48	61.69	69.19	54.63	43.23
差异	20.23	9.55	16.02	13.48	11.15

如图 5.9 和 5.10 所示，相比于 2016 年，2020 年非 30 强上市公司和 30 强上市公司在风险评估、控制活动和内部监督方面的差异有所缩小，而在内部环境方面的差异有所扩大，在信息与沟通方面的差异基本持平。说明在浙江省上市公司中，内部控制质量高的上市公司对于内部环境的重视程度显著高于内部控制质量偏低的上市公司。

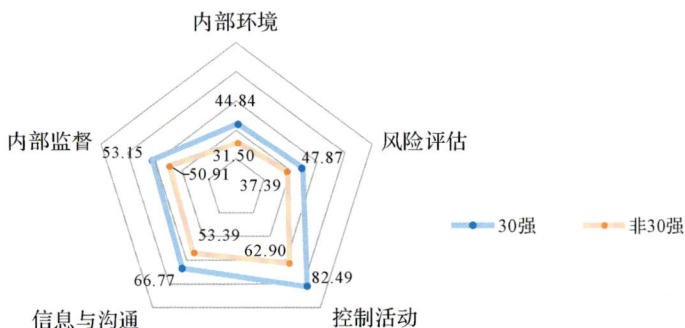

（a） 2016年

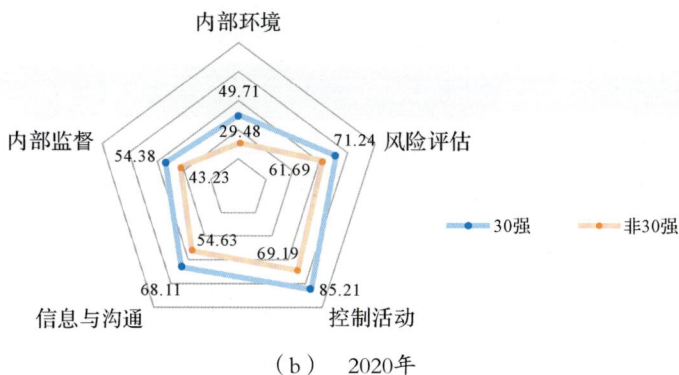

（b） 2020年

图5.9 浙江内部控制30强与非30强企业五要素对比

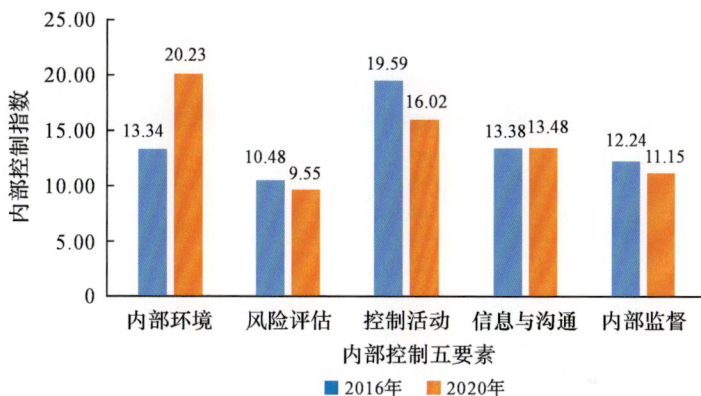

图5.10 浙江上市公司30强与非30强内部控制五要素差异变化

从内部控制五要素指数水平变化的角度来看，2016—2020年，如表5.5和表5.6所示，浙江省30强和非30强上市公司在风险评估、控制活动和信息沟通方面均得到了一定程度的提升，其中，风险评估指数均值的上升最为显著，30强上市公司五年间累计提高48.82%，非30强上市公司五年间累计提高64.99%；而在内部监督指数方面均有所下降。在内部环境方面，浙江省30强上市公司的指数均值有所上升，约提升10.86%，而非30强上市公司的指数均值有所下降，约下降6.41%。这一现象印证了前文内部控制质量高的上市公司对于内部环境的重视程度显著高于内部控制质量偏低的上市公司的结论。

表5.5 浙江历年30强上市公司内部控制五要素指数

年份	内部环境	风险评估	控制活动	信息与沟通	内部监督
2016	44.84	47.87	82.49	66.77	63.15
2017	44.75	60.53	83.14	63.04	55.25
2018	45.92	61.26	81.21	60.19	59.83
2019	45.63	68.79	83.41	67.13	54.02
2020	49.71	71.24	85.21	68.11	54.38
变化 /%	10.86	48.82	3.30	2.01	−13.89

表5.6 浙江历年非30强上市公司内部控制五要素指数

年份	内部环境	风险评估	控制活动	信息与沟通	内部监督
2016	31.50	37.39	62.90	53.39	50.91
2017	30.93	44.50	61.95	48.32	41.35
2018	28.56	47.25	66.23	46.14	41.15
2019	26.61	60.33	67.11	50.65	40.76
2020	29.48	61.69	69.19	54.63	43.23
变化 /%	−6.41	64.99	10.00	2.32	−15.09

再对内部控制指数后30名上市公司的五要素变动情况进行分析。如表5.7所示，后30名的内部环境、控制活动和信息与沟通要素都呈现出持续恶化的趋势。其中，内部环境的恶化最为严重，2020年要素均值相比于2016年下降约51.57%，远超出非30强上市公司的整体变化情况。这表明，非30强上市公司在内部环境要素方面的恶化，很大程度上是受到了内部控制本就薄弱的上市公司的影响，也意味着在重点关注这部分上市公司的内部控制建设时，内部控制环境的改善是重中之重。

表5.7　浙江历年内部控制指数后30名上市公司五要素指数

年份	内部环境	风险评估	控制活动	信息与沟通	内部监督
2016	21.51	27.42	47.34	40.91	27.56
2017	17.36	27.44	33.86	34.94	17.42
2018	20.10	35.40	37.06	32.45	33.84
2019	13.83	41.29	46.65	34.29	31.09
2020	10.42	41.43	44.68	39.76	30.08
变化 /%	−51.57	51.07	−5.61	−2.82	9.13

第三节　浙江上市公司内部控制最佳实践案例分析

一、正泰电器："数智化"发展中内控管理的实践

正泰集团股份有限公司（以下简称正泰集团）始创于 1984 年，是全球知名的智慧能源系统解决方案提供商，聚焦绿色能源、智能电气、智慧低碳城市核心业务，持续深耕国际市场，业务遍及 140 多个国家和地区，全球员工 4 万余名，年营业收入逾 1000 亿元，连续 20 年上榜中国企业 500 强。

正泰集团旗下正泰电器（股票代码：601877）是以低压电器为主营业务的 A 股上市公司，位列亚洲上市公司 50 强。正泰电器的主营业务分为智能电气和光伏新能源两大模块，围绕"电"字，其产品从低压电器到光伏新能源，从元器件到成套设备再到清洁能源解决方案，已成为全球领先的智慧能源综合方案提供商。2020 年，正泰电器实现销售收入 333 亿元；净利润 66.36 亿元，同比增长 67.1%；其中新能源、智能制造、数字新基建等业态增长势头强劲。

2016—2020 年，正泰电器始终位列浙江省上市公司内部控制 30 强榜单前列，并 4 年登顶 30 强排行榜榜首。正泰电器在全球拥有四大研发中心，超过 20 个国际物流中心与国际子公司，服务于全球 140 多个国家和地区。如此高度国际化的

经营架构，为正泰电器的内部控制带来了不小的难度。2016 年以来，正泰电器推出了户用分布式光伏一站式解决方案，目前，正泰电器管理着近 50 万户农户户用电站项目，预计未来将达到 200 万～ 300 万户。要保障这些户用电站 20 年以上的安全、质量、收益和运维，给正泰电器的内部控制提出了前所未有的挑战。

正泰电器认为，企业的内部控制与企业的核心发展理念应当是紧密结合的。对于正泰电器而言，自 1984 年创立以来，企业便一直秉承着"聚精会神干实业，一门心思创品牌"的核心发展理念，围绕着"电"的主业进行发展创新。因此，对于内部控制建设，正泰电器一直坚持从核心发展理念出发，抓住企业发展的"五条线"——投入产出的"主线"、资产负债率与现金流的"底线"、安全合规的"红线"和质量的"生命线"，来构建内部控制的价值观。

近年来，随着数字化技术的不断发展，正泰电器的内部控制建设也迎来了新的阶段。在实现企业数字化转型的过程中，正泰电器构建了"以共享平台为载体，通过数智化手段，搭建内部控制管理体系，把好企业发展'五条线'，构建组织、流程与制度、企业文化、风险管理四大体系，将内部控制贯穿业务全过程"的内部控制管理体系。

如图 5.11 所示，通过三年的不懈努力，正泰电器打造了财务、人力资源、信息技术、市场营销资源和供应链资源五大共享平台。通过包括机器人流程自动化（RPA）和人工智能等一系列数智化解决方案，对内部控制的支撑体系进行了重构。重构后的体系包括组织体系、风险管理、企业文化和流程制度四大方面，贯穿于业务研发、销售、采购、生产、物流和收款的全流程。与此同时，正泰电器也在尝试将目前局限于企业内部的内部控制管理体系，向企业上下游生态圈进行延展。

共享平台在正泰电器的内部控制建设中发挥了重大作用。在共享平台下，正泰电器的业务所需的数据首先在数据中心进行统一处理，随后根据需要，所有的业务人员均可以通过平台灵活调用。经过三年的实践，共享平台在内部控制建设中的重大作用已经初步显现。具体表现为：通过供应商、客户、人力、财务、IT 等服务与知识的共享，以实现降本增效；通过推动信息透明化，加强总部管控力度；通过信息与资源的共享，推动资源有效利用，加速公司资源优化与整合；通过业务流、员工流、信息流、财务流集中化，实现业务优化及流程再造，以及通过一体化、协同化、集中化管理，有效实现集团战略协同与战略目标。总体来说，正泰电器的共享平台以财务共享中心为核心，与人力、市场营销、供应链、信息化共享平台及外部平台等系统连通，提高了企业的风险预警能力，促进了企业风险管控前移，大幅提升了企业风险管控能力。

图5.11　正泰电器的内部控制管理体系

以数字化技术为基础的数智化解决方案是正泰电器内部控制建设中的重要工具。正泰电器在财务、内审、供应链、人力、运维等领域广泛投入 RPA（机器人流程自动化）技术，将内部控制执行的正确率由 95% 提升至 100%，并降低了人为干预和舞弊的概率，尤其是在财务领域，已经基本实现了开票、对账、清账、月结等工作场景的自动化。正泰电器还基于数字化技术，开发了自动预警平台，实时过滤不符合设定规则的交易事项，提示业务交易风险，根据设定指标及动态交易数据显示监测情况，揭示业务运营整体状况信息。

对于遍布全球的子公司和分支机构，正泰电器开发了智能制造系统。如图 5.12 所示，正泰电器向全球用户开放了"光伏制造＋互联网"透明工厂，实现了设计、仿真、制造、装配、检测、包装、物流、销售的全过程数字化与标准化，所有的用户都可以通过系统，清晰地看到所订购的产品正处于哪一个生产环节。除此之外，正泰电器通过智能制造系统，也能够实现对全球工厂产品的监管，大大提升了企业的效率，实现了内部控制管理工作的有效精细化与自动化。

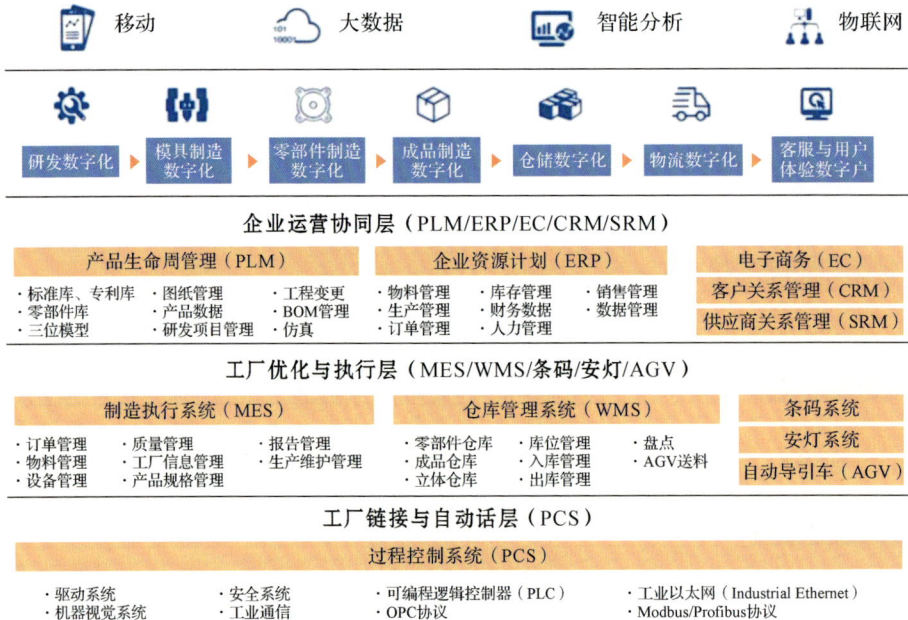

图5.12　正泰电器"光伏制造+互联网"透明工厂

对于所管理的农户户用电站项目，正泰电器开发了智能运维系统。正泰电器为每个电站项目所属的农户安装了专门的手机App，农户可以实时从App中获取当天户用电站的使用情况和产生的收益，大大降低了由公司人员与农户进行对账的时间和成本，也为企业内审对销售数据的核查提供了完善的依据。以前，农户户用电站的运维需要农户发现故障后进行报修，再由公司安排人员上门维修。而现在，智能运维系统能够通过大数据技术，对农户户用电站和所在区域光照情况、周边农户情况的对比信息进行分析，自动填写运维工单，由公司人员主动上门维修。智能运维系统使得正泰电器的户用光伏电站的模式推广取得了瞩目的成绩，目前，正泰电器已经成为世界上较大的户用光伏电站开发商和运维商。

组织体系、风险管理、企业文化和流程制度是正泰电器内部控制的四大支撑体系。在组织体系方面，正泰电器构筑了"三道防线"——以各业务部门及子公司为主体"第一道防线"、以财务、法务、人力与内控合规等职能部门为主体的"第二道防线"和以内部审计部门为主体的第三道防线。在风险管理方面，正泰电器搭建了全面的风险管理体系，从战略、运营、财务和法律四个维度构建公司风险管理"指标库"，并嵌入企业信息系统中，通过分析风险指标增加或修改内部控制节点。在企业文化方面，正泰电器通过反腐倡廉教育、员工关怀计划、员工持股计划、员工培训与成长以及员工职业生涯管理与发展通道等方式，在"不能违"和"不敢违"的基础上，培养员工"不愿违"的意识。在流程制度方面，正泰电器以客户为中心进行组织变革与业务流程再造，细化业务授权，对全公司管理标准进行梳理与整合，删繁就简，形成统一化的24类100余份公司管理标准，并结合上市公司监管要求，形成统一的内部管理和控制手册。

在"数智化"浪潮的不断发展中，经过三年的内部控制建设，正泰电器已经构筑了贯穿企业全流程的内部控制管理体系。正泰电器认为，技术的进步在未来将极大程度丰富和改变传统内部控制的手段和方式，其自身也将通过不断创新与实践，最大限度地提升企业在生命周期中不同阶段所能达到的价值创造的高度，提升企业的核心竞争力。

二、物产中大：持续强化内控效能，护航企业行稳致远

物产中大（股票代码：600704）是浙江省属特大型国有控股上市公司，拥有成员单位超过400万家，员工逾2万人，业务范围覆盖全球90多个国家和地区。2020年，物产中大实现营业总收入4039.7亿元，同比增长12.57%，实现归母净利润27.5亿元，自2001年起连续12年入围世界500强企业。2017年，物产中大登上全国流通业上市公司竞争力榜首。2021年，物产中大成为全国首批供应链创新与应用示范企业。

如图5.13所示，物产中大的主营业务包括智慧供应链集成服务、高端制造、金融服务三大模块，拥有3000家以上的上游资源供应商、2000家以上的中游物流与加工服务商以及30000家以上的终端企业客户。即使拥有如此广阔的业务范

围，物产中大依然在 2016—2020 年五年间连续位列浙江省上市公司内部控制 30 强榜单前列，体现了其内部控制建设的卓越成果。

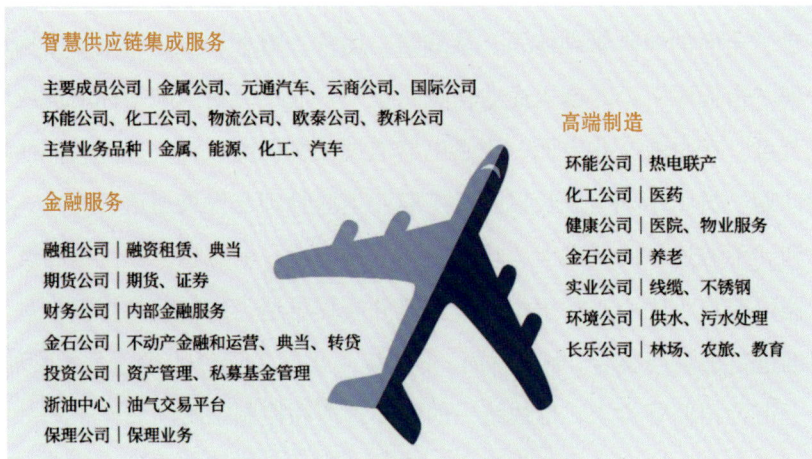

图5.13　物产中大的主营业务模块

物产中大的内部控制之所以能够取得卓越的成果，离不开其先进的风险管理思想。物产中大的前任董事长王挺革先生曾说："经营企业就是经营风险，谈论风险就是谈论未来。"经过多年的内部控制建设实践，物产中大形成了以"安危相易、福祸相生"的风险预警思想、"为之于未有，治之于未乱"的风险预防思想、"知足不辱、知止不殆、可以长久"的风险控制思想以及"慎终如始，则无败事"的风险全过程管理思想为核心的风险管理理念。2015 年，物产中大以整体上市为契机，开展了内部控制的建设工作，并在之后几年持续不断地完善内部控制体系，形成了"四大机制、两项活动、四个意识、四个转变"的特色内部控制体系，充分发挥了内部控制体系为企业高质量发展强基固本、保驾护航的作用。

四大机制指"有标准、能执行、可评价、常优化"的四大内部控制建设机制，贯穿于内部控制的始终，形成了对于内部控制的闭环管理。有标准即建立健全内控体系标准，对标梳理流程，编制内控手册，做到内部控制有据可循，奠定内部控制的基础；能执行即持续强化内控体系执行，促进管理制度化、制度流程化、流程信息化；可评价即全面开展内控体系评价，及时对企业现有的内部控制情况进行监督和反馈；常优化指不断推进内控体系优化，及时督促整改内控，并将内控体系建设纳入年度考核。

两项活动指物产中大每年的"年度内控自评总结交流专题活动"和"风险安全日"两项特色活动。通过这两项活动，对前一年的内部控制情况进行总结与回顾，并制定新一年的内部控制建设目标。近几年，物产中大先后开展了"强化合同管理，提升诉讼成效""强化业务一线风险管控"等主题活动，宣传内控合规的理念，防范化解各类风险。

四个意识指物产中大内部控制建设中树立的风险意识、责任意识、执行意识和时效意识。在控制机制、控制活动和控制意识的共同作用下，物产中大实现内部控制的四个转变：从单一制度建设向综合性管理体系转变、从传统管理向风险管理转变、从职能管理向流程与职能协同管理转变和从事后监督向过程监督转变。

物产中大既是上市公司，也是省属国有控股企业，其内部控制建设既需要符合上市公司的规范，也需要满足国资监管的要求。物产中大将自身内部控制建设的成功经验总结成三个层次：首先，要对企业的内部控制建设树立正确的认知，形成以管理层为核心、全员协同的"内控不是要我做，而是我要做"的认知；其次，对内部控制中存在的建设不全面、执行不到位、内控人员不足以及考核不健全等难点，应当予以重点关注，并拟定切实可执行的方案予以解决；最后，在行动部署方面，要做到加强组织领导、全员全程参与、专业团队支持、加强审计监督、强化内控考核和建立长效机制的协同和统一。物产中大认为，企业的内部控制必须与企业的实际情况相适应，在实际执行中落到实处并持续进行效能的强化，只有如此才能在护航企业行稳致远的征程中发挥更大的作用。

第六章

内部控制促进浙江上市公司高质量发展研究

我国经济已由高速增长阶段转向高质量发展新阶段，这是党中央对新时代我国经济发展特征的重大判断。2020年10月9日，国务院印发《关于进一步提高上市公司质量的意见》。推动高质量发展是我国适应新形势、保持经济社会持续健康发展的必然要求，也是浙江省奋力推进新时代"两个高水平"建设的必然选择。面对复杂的外部形势和市场环境，为了实现高质量发展，企业需要平衡发展与风险的问题，做到"既轰油门又踩刹车"。尤其是在当前国内外经济下行压力大，去杠杆、中美贸易摩擦等宏微观风险凸显的形势下，企业更应该转变发展方式，积极实施创新驱动，加强风险防范，努力实现更高质量、更高效率、更可持续的发展。而高质量发展的突破口在于强化内控保障，建立完善的内部控制和风险防范体系。内部控制具有多重维度的经济后果，能够合理保证企业经营管理合法合规、资产安全、财务报告及相关信息真实完整，提高经营效率和效果，促进企业实现发展战略。本章结合当前形势，围绕内部控制与重大风险防范、企业高质量发展和内控监督保障机制的关系进行分析，为理解内部控制的意义及经济后果提供经验数据。

第一节　内部控制与重大风险防范

当前经济形势严峻、复杂、多变，企业面临诸多重大风险，如严重的破产风险、资产安全风险、法律风险等。本节将分析内部控制对防范重大风险的影响。

一、内部控制与破产风险

在复杂的经济环境下，全球贸易局势紧张、汇率波动剧烈等环境变化产生了诸多重大风险。市场的冰山、融资的高山、转型的火山横亘在企业发展道路上，企业面临严重的破产风险。这从近年来频频爆发的"黑天鹅"事件中也可见一斑，一大批上市公司陷入债务违约、资金链断裂的危机中，甚至失去控制权或破产。2020 年的新冠疫情更是进一步加剧了市场波动，外部环境的不确定性对企业有效防范风险提出了更为严峻的考验，防范重大风险刻不容缓。

Altman（1968）以破产企业为样本，基于多变量的统计方法，利用多个财务指标对企业运营状况及破产概率进行分析而形成了 Z 指数破产风险预警模型。Z 指数模型在国内外被广泛运用于分析预测企业财务失败或破产的可能性。Z 指数计算方法如下：

Z 指数 $=1.2X_1+1.4X_2+3.3X_3+0.6X_4+0.999X_5$，

其中：

X_1 代表营运资本 / 总资产；

X_2 代表留存收益 / 总资产；

X_3 代表息税前利润 / 总资产；

X_4 代表总市值 / 负债总计；

X_5 代表营业收入 / 总资产。

一般来说，Z 值越低，企业发生破产的概率越高。当 Z 值大于 2.675 时，表明企业的财务状况良好，发生破产的可能性小；当 Z 值小于 1.81 时，表明企业具有潜在破产危机；当 Z 值介于 1.81 和 2.675 之间时，这一区间被称为"灰色地带"，说明企业的财务状况极不稳定。Z 指数相关数据来自 WIND 数据库，我们将 Z 值小于 1.81 的公司归为潜在破产风险高的公司。

图 6.1 反映了内部控制与破产风险的关系。我们根据内部控制指数的中位数将浙江上市公司分为高内控质量(高于中位数)和低内控质量(低于中位数)两组。

从内部控制质量高低组比较来看，在低内控质量组中，有 15.53% 的公司处于高潜在破产风险状态（Z 值小于 1.81），而在高内控质量组中，处于高潜在破产风险状态的公司仅占 14.27%，降低约 1.3 个百分点。表明在经济形势日益严峻的情形下，当务之急在于加强内部控制，防范重大风险，使企业度过经济的"寒冬"。

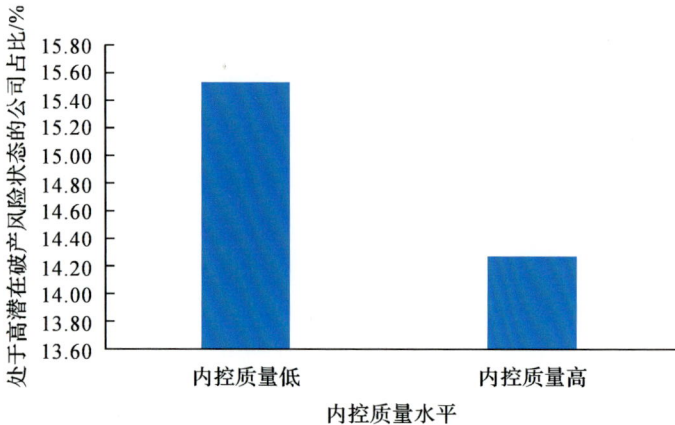

图6.1　内部控制与破产风险

　　为进一步分析企业内部控制质量与公司破产风险的关系，我们建立式（6.1）进行 OLS 实证检验。其中，被解释变量 D_Z 为虚拟变量，当公司当年 Z 值小于 1.81 时取值为 1，否则取值为 0；解释变量 D_IC 为虚拟变量，当公司当年的内控得分高于本年度浙江省上市公司均值时取值为 1，否则取值为 0。基于现有文献，我们在模型中控制了公司规模（SIZE）、杠杆率水平（LEV）、总资产回报率（ROA）以及公司经营现金流（CFO），我们也控制了公司的营业收入增长率（GROWTH）和公司年龄（FIRM_AGE）以控制公司成长性和所处生命周期对公司破产风险的影响。在公司治理层面，我们控制了董事会规模（BOARD）、董事会中独立董事占比（INDEP）以及董事长和总经理是否两职合一（DUAL）。除此之外，我们还控制了机构投资者持股水平（INST_SHARE）、第一大股东持股比例（TOP1_SHARE）以及公司是不是国有企业（SOE），变量计算方式见附录1。式（6.1）中 INDUS 用来控制行业固定效应，YEAR 用来控制年份固定效应。

$$D\_Z_{it} = \beta_0 + \beta_1 D\_IC_{it} + \beta_2 SIZE_{it} + \beta_3 LEV_{it} + \beta_4 ROA_{it} + \beta_5 CFO_{it} + \beta_6 GROWTH_{it}$$
$$+ \beta_7 FIRM\_AGE_{it} + \beta_8 BOARD_{it} + \beta_9 INDEP_{it} + \beta_{10} DUAL_{it} + \beta_{11} INST\_SHARE_{it} \quad (6.1)$$
$$+ \beta_{12} TOP1SHARE_{it} + \beta_{13} SOE_{it} + INDUS + YEAR + \varepsilon_{it}$$

表 6.1 展示了式（6.1）的回归结果，可以看到 D_IC 的系数在 5% 的水平上显著为负，表明公司内部控制质量越高，成为潜在破产风险高的公司的可能性越低，进一步说明内部控制提升有助于降低企业破产风险。

表6.1　内部控制与破产风险

变量	D_Z
D_IC	−0.030** （−2.31）
SIZE	0.041*** （5.10）
LEV	0.702*** （14.22）
ROA	−1.034*** （−9.17）
CFO	0.183* （1.94）
GROWTH	−0.003 （−1.46）
FIRM_AGE	−0.051* （−1.86）
BOARD	0.101 （1.50）
INDEP	0.178 （0.90）
DUAL	0.017 （1.36）

续表

变量	D_Z
INST_SHARE	0.003 （0.12）
TOP1_SHARE	−0.112** （−2.08）
SOE	0.077*** （2.87）
CONSTANT	−1.220*** （−4.26）
INDUS	Yes
YEAR	Yes
N	1782
Adj. R^2	0.445

二、内部控制与资产减值损失

企业经营的重要目标是资产保值增值，然而企业面临着诸多资产损失的风险，例如存货减值、应收账款坏账、商誉减值等。内部控制的目标之一为合理保证资产安全，内部控制风险评估要素也反映企业识别风险、分析风险和应对风险的能力。资产减值增加表明当年资产减值相对上一年资产减值多，我们用资产减值损失占净利润的比重衡量资产损失，按照内部控制指数将浙江省上市公司分为高低两组，分析内部控制与资产损失之间的关系，结果如图 6.2 所示。对于低内部控制质量组，资产减值损失占净利润比例达到 9.67%；而对于高内部控制质量组，该比例下降为 3.95%。结果表明，内部控制有助于降低资产损失，保障企业资产安全，提高内部控制质量有助于控制公司资产减值的风险。

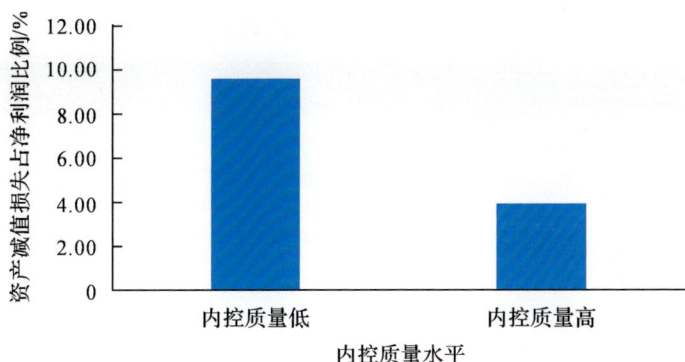

图6.2　内部控制与资产减值损失

为进一步分析企业内部控制质量与公司资产减值损失的关系，我们建立式（6.2）进行实证检验。其中，被解释变量 ASSET_IMPAIR 为连续变量，等于公司当年资产减值损失除以净利润；解释变量 D_IC 为虚拟变量，当公司当年的内控得分高于本年度浙江省上市公司均值时取值为 1，否则取值为 0。我们控制了公司相关的财务指标，包括公司规模（SIZE）、杠杆率水平（LEV）、总资产回报率（ROA）以及公司经营现金流（CFO）和公司营业收入增长率（GROWTH），还控制了公司年龄（FIRM_AGE）、董事会规模（BOARD）、董事会中独立董事占比（INDEP）、是否两职合一（DUAL）、机构投资者持股水平（INST_SHARE）、第一大股东持股比例（TOP1_SHARE）以及公司是否为国有企业（SOE），此外，我们也控制了行业固定效应（INDUS）和年份固定效应（YEAR），变量计算方式见附录 1。

$$
\begin{aligned}
\text{ASSET\_IMPAIR}_{it} = & \beta_0 + \beta_1 \text{D\_IC}_{it} + \beta_2 \text{SIZE}_{it} + \beta_3 \text{LEV}_{it} + \beta_4 \text{ROA}_{it} + \beta_5 \text{CFO}_{it} \\
& + \beta_6 \text{GROWTH}_{it} + \beta_7 \text{FIRM\_AGE}_{it} + \beta_8 \text{BOARD}_{it} + \beta_9 \text{INDEP}_{it} + \beta_{10} \text{DUAL}_{it} \\
& + \beta_{11} \text{INST\_SHARE}_{it} + \beta_{12} \text{TOP1SHARE}_{it} + \beta_{13} \text{SOE}_{it} + \text{INDUS} + \text{YEAR} + \varepsilon_{it}
\end{aligned} \quad (6.2)
$$

表 6.2 展示了式（6.2）的回归结果，第一列为没有加入控制变量的结果，第二列为加入控制变量之后的回归结果。可以看到 D_IC 的系数在 10% 的水平上显著为负，表明公司内部控制质量越高，资产减值损失越小，说明内部控制有助于降低资产损失，保障企业资产安全。

表6.2　内部控制与资产减值损失

变量	ASSET_IMPAIR	ASSET_IMPAIR
D_IC	−0.058* （−1.83）	−0.062* （−1.90）
SIZE		0.018 （1.06）
LEV		−0.028 （−0.21）
ROA		−0.120 （−0.38）
CFO		−0.508* （−1.69）
GROWTH		0.002 （0.74）
FIRM_AGE		0.055 （0.77）
BOARD		−0.131 （−0.77）
INDEP		−0.664 （−1.32）
DUAL		−0.010 （−0.32）
INST_SHARE		0.036 （0.51）
TOP1_SHARE		−0.093 （−0.75）
SOE		−0.072 （−1.03）
CONSTANT	0.179** （2.30）	0.302 （0.46）

续表

变量	ASSET_IMPAIR	ASSET_IMPAIR
INDUS	Yes	Yes
YEAR	Yes	Yes
N	1782	1782
Adj. R^2	0.041	0.040

三、内部控制与法律风险

法律风险是企业面临的重要风险之一，它可能给企业造成重大损失，并且重创企业声誉。内部控制目标包括合理保证企业经营管理合法合规、财务报告及相关信息真实完整。然而，很多公司及其董事、监事和高级管理人员由于以上两方面问题受到证监会、交易所、司法部门以及政府部门处罚。我们进一步分析内部控制对企业法律风险的影响，主要考察公司、董事、监事及高级管理人员是否受到司法部门、财政部、证监会、交易所等监管部门的处罚。根据内部控制指数将上市公司内控质量分为高低两组。结果表明，高内控质量组和低内控质量组中因违规被监管机构处罚的公司占比分别为 6.52% 和 16.82%，后者约为前者的 2.6 倍（见图 6.3）。该结果表明，在复杂的环境中，高质量的内部控制对于法律风险的防控效果更强，完善的内部控制有助于公司避免法律风险。

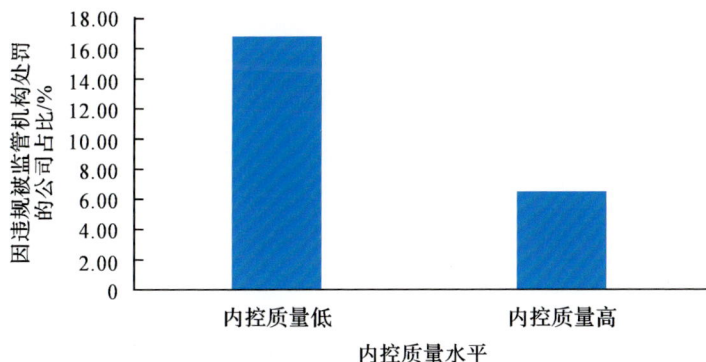

图6.3　内部控制与法律风险

为进一步分析企业内部控制质量与公司法律风险的关系，我们采用 OLS 进行实证检验。式（6.3）中，被解释变量为 PUNISH，我们用两种方式（PUNISH_D 和 PUNISH_N）衡量公司的法律风险。PUNISH_D 为虚拟变量，表示本年度公司、董事、监事及高级管理人员是否受到司法部门、财政部、证监会、交易所等监管部门的处罚，若受到处罚取值为 1，否则取值为 0。PUNISH_N 为连续变量，表示公司当年受到处罚的次数。解释变量 D_IC 为虚拟变量，当公司当年的内控得分高于本年度浙江省上市公司均值时取值为 1，否则取值为 0。控制变量包括公司规模（SIZE）、杠杆率水平（LEV）、总资产回报率（ROA）、营现金流（CFO）、公司营业收入增长率（GROWTH）、公司年龄（FIRM_AGE）、董事会规模（BOARD）、董事会中独立董事占比（INDEP）、是否两职合一（DUAL）、机构投资者持股水平（INST_SHARE）、第一大股东持股比例（TOP1_SHARE）、公司是否为国有企业（SOE），以及行业固定效应（INDUS）和年份固定效应（YEAR）。变量计算方式见附录 1。

$$\begin{aligned} PUNISH_{it} = &\beta_0 + \beta_1 D\_IC_{it} + \beta_2 SIZE_{it} + \beta_3 LEV_{it} + \beta_4 ROA_{it} + \beta_5 CFO_{it} \\ &+ \beta_6 GROWTH_{it} + \beta_7 FIRM\_AGE_{it} + \beta_8 BOARD_{it} + \beta_9 INDEP_{it} + \beta_{10} DUAL_{it} \\ &+ \beta_{11} INST\_SHARE_{it} + \beta_{12} TOP1SHARE_{it} + \beta_{13} SOE_{it} + INDUS + YEAR + \varepsilon_{it} \end{aligned} \quad (6.3)$$

表 6.3 展示了式（6.3）的回归结果，第一列展示了当因变量为公司本年度是否受到处罚时的回归结果，可以看到 D_IC 的系数在 1% 的水平上显著为负，表明公司内部控制质量越高，受到监管处罚的可能性越小。第二列展示了当因变量为公司本年度受到处罚次数时的回归结果，D_IC 的系数在 1% 的水平上显著为负，表明公司内部控制质量越高，受到监管处罚的次数越少。总之，回归结果表明，高质量的内部控制有助于降低公司法律风险。

表6.3　内部控制与法律风险

变量	（1） PUNISH_D	（2） PUNISH_N
D_IC	−0.084*** （−5.55）	−0.163*** （−6.80）
SIZE	0.005 （0.58）	0.002 （0.14）
LEV	0.072 （1.26）	0.116 （1.00）
ROA	−0.570*** （−3.68）	−0.763*** （−2.65）
CFO	0.127 （1.20）	0.072 （0.37）
GROWTH	−0.002 （−1.50）	−0.004 （−1.23）
FIRM_AGE	−0.012 （−0.42）	−0.020 （−0.44）
BOARD	−0.046 （−0.71）	−0.092 （−0.56）
INDEP	0.363* （1.69）	0.348 （0.78）
DUAL	0.007 （0.49）	0.002 （0.09）
INST_SHARE	−0.012 （−0.35）	−0.031 （−0.54）
TOP1_SHARE	−0.248*** （−4.23）	−0.348*** （−3.41）
SOE	−0.011 （−0.49）	−0.013 （−0.38）
CONSTANT	−0.026 （−0.09）	0.197 （0.36）

续表

变量	（1） PUNISH_D	（2） PUNISH_N
INDUS	Yes	Yes
YEAR	Yes	Yes
N	1782	1782
Adj. R^2	0.088	0.079

四、内部控制与财务舞弊

内部控制的目标之一是保证财务报告的可靠性，然而近年来，企业财务舞弊数量快速上升，出于迎合市场预期或特定监管要求、谋取以财务业绩为基础的私人报酬最大化、骗取外部资金、侵占资产、违规担保、内幕交易、操纵市场等动机，公司可能会对财务报告信息进行虚假记载、误导性陈述或者重大遗漏等，面临严重的舞弊风险，其中上市公司董事、监事、高级管理层和实际控制人等"关键少数"的舞弊风险更为突出。我们进一步分析内部控制对企业财务舞弊的影响，借鉴修宗峰等（2021），公司的财务舞弊行为具体包括虚构利润、虚列资产、虚假记载、重大遗漏、推迟披露、披露不实、一般会计处理不当等 7 种类型。根据内部控制指数将上市公司内控质量分为高低两组。结果表明，如图 6.4 所示，高内控质量组和低内控质量组中发生财务舞弊的公司占比分别为 12.64% 和 22.58%，

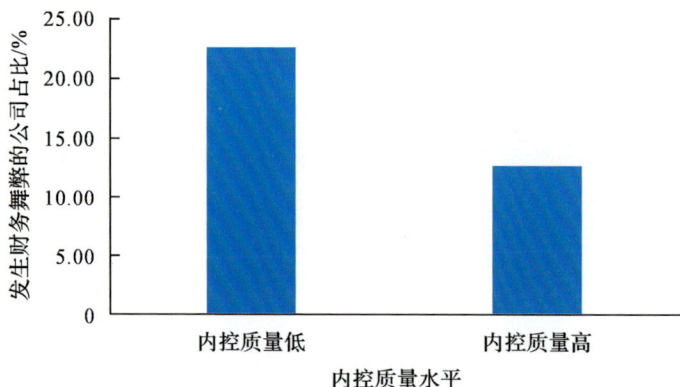

图6.4　内部控制与财务舞弊

后者约为前者的 1.8 倍。该结果表明，内部控制质量高的公司能够有效评估与控制舞弊风险。

为进一步分析企业内部控制质量与公司财务舞弊的关系，我们采用 OLS 进行实证检验。式（6.4）中，被解释变量为 FRAUD，FRAUD 为虚拟变量，若公司本年度发生财务舞弊行为（虚构利润、虚列资产、虚假记载、重大遗漏、推迟披露、披露不实和一般会计处理不当）则取值为 1，否则为 0。控制变量包括公司规模（SIZE）、杠杆率水平（LEV）、总资产回报率（ROA）、营现金流（CFO）、公司营业收入增长率（GROWTH）、公司年龄（FIRM_AGE）、董事会规模（BOARD）、董事会中独立董事占比（INDEP）、是否两职合一（DUAL）、机构投资者持股水平（INST_SHARE）、第一大股东持股比例（TOP1_SHARE）、公司是不是国有企业（SOE）。我们也控制了行业固定效应（INDUS）和年份固定效应（YEAR）。变量计算方式见附录 1。

$$
\begin{aligned}
FRAUD_{it} = {} & \beta_0 + \beta_1 D\_IC_{it} + \beta_2 SIZE_{it} + \beta_3 LEV_{it} + \beta_4 ROA_{it} + \beta_5 CFO_{it} \\
& + \beta_6 GROWTH_{it} + \beta_7 FIRM\_AGE_{it} + \beta_8 BOARD_{it} + \beta_9 INDEP_{it} + \beta_{10} DUAL_{it} \quad (6.4) \\
& + \beta_{11} INST\_SHARE_{it} + \beta_{12} TOP1SHARE_{it} + \beta_{13} SOE_{it} + INDUS + YEAR + \varepsilon_{it}
\end{aligned}
$$

表 6.4 展示了式（6.4）的回归结果，第一列为没有添加控制变量的回归结果，第二列展示了加入控制变量之后的回归结果。可以看到，D_IC 的系数在 1% 的水平上显著为负，表明公司内部控制质量越高，存在财务舞弊行为的风险越小，提升内部控制有效性能够提高财务报告的可靠性。

表6.4　内部控制与财务舞弊

变量	（1） FRAUD	（2） FRAUD
D_IC	−0.079*** （−4.49）	−0.075*** （−4.14）
SIZE		0.010 （1.07）
LEV		0.073 （1.09）

续表

变量	（1） FRAUD	（2） FRAUD
ROA		−0.776*** （−4.43）
CFO		−0.067 （−0.53）
GROWTH		−0.002* （−1.73）
FIRM_AGE		0.003 （0.09）
BOARD		−0.167* （−1.82）
INDEP		0.110 （0.41）
DUAL		−0.026 （−1.46）
INST_SHARE		0.020 （0.47）
TOP1_SHARE		−0.350*** （−4.86）
SOE		−0.013 （−0.47）
CONSTANT	−0.005 （−0.22）	0.343 （0.97）
INDUS	Yes	Yes
YEAR	Yes	Yes
N	1782	1782
Adj. R^2	0.019	0.071

第二节　内部控制与企业持续健康发展

经营企业类似开车，踩油门提速前进，踩刹车则减速慢行，油门和刹车缺一不可。本章第一节分析了内部控制与防范重大风险的关系，即踩刹车控制风险；本节则分析内部控制与企业稳定发展的关系，即踩油门，保证企业有效地运营，做强做大，实现企业战略目标。内部控制的重要目标之一即为保证经营的效率效果，促进企业战略目标实现。

一、内部控制与盈利能力

本部分从企业的盈利能力考察内部控制与公司绩效之间的关系。我们用企业的净资产收益率反映企业的盈利能力，根据内部控制指数中位数将上市公司分为内控质量高低两组。如图6.5所示，低质量内部控制组公司的净资产收益率为负数，而高质量内部控制组公司的净资产收益率为7.48%。由此可见，高质量内部控制公司在盈利能力方面优于低质量内部控制公司。

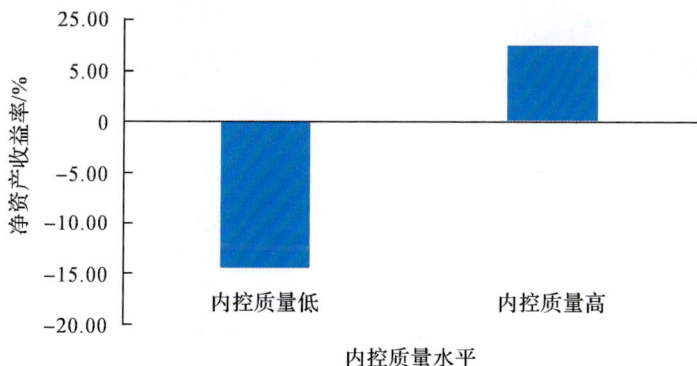

图6.5　内部控制与盈利能力

为进一步分析企业内部控制质量与公司盈利能力的关系，我们建立式（6.5）进行实证检验。其中，被解释变量 ROE 为连续变量，等于公司当年净利润除以股东权益；解释变量 D_IC 为虚拟变量，当公司当年的内控得分高于本年度浙江省上市公司均值时取值为 1，否则取值为 0。我们控制了公司相关的财务指标，包括公司规模（SIZE）、杠杆率水平（LEV）、公司经营现金流（CFO）和公司营业收入增长率（GROWTH），也控制了公司年龄（FIRM_AGE）、董事会规模（BOARD）、董事会中独立董事占比（INDEP）、是否两职合一（DUAL）、机构投资者持股水平（INST_SHARE）、第一大股东持股比例（TOP1_SHARE）、公司是否为国有企业(SOE)以及行业固定效应(INDUS)和年份固定效应(YEAR)。变量计算方式见附录 1。

$$ROE_{it} = \beta_0 + \beta_1 D\_IC_{it} + \beta_2 SIZE_{it} + \beta_3 LEV_{it} + \beta_4 ROA_{it} + \beta_5 CFO_{it} + \beta_6 GROWTH_{it}$$
$$+ \beta_7 FIRM\_AGE_{it} + \beta_8 BOARD_{it} + \beta_9 INDEP_{it} + \beta_{10} DUAL_{it} + \beta_{11} INST\_SHARE_{it} \quad (6.5)$$
$$+ \beta_{12} TOP1SHARE_{it} + \beta_{13} SOE_{it} + INDUS + YEAR + \varepsilon_{it}$$

表 6.5 展示了式（6.5）的回归结果，第一列为没有加入控制变量的回归结果，第二列为加入控制变量之后的回归结果。可以看到，D_IC 的系数分别在 1% 和 10% 的水平上显著为正，表明公司内部控制质量越高，公司盈利能力越强，说明内部控制有助于保证经营的效率效果。

表6.5 内部控制与盈利能力

变量	（1）ROE	（2）ROE
D_IC	0.031***（2.78）	0.016*（1.72）
SIZE		0.041***（4.78）
LEV		−0.328***（−4.11）
CFO		0.446***（6.29）
GROWTH		0.004（1.43）
FIRM_AGE		0.026（1.12）

续表

变量	（1）ROE	（2）ROE
BOARD		−0.129 （−1.14）
INDEP		−0.269 （−0.76）
DUAL		−0.004 （−0.31）
INST_SHARE		0.009 （0.33）
TOP1_SHARE		0.124** （2.54）
SOE		0.006 （0.23）
CONSTANT	0.235*** （15.34）	−0.336 （−1.17）
INDUS	Yes	Yes
YEAR	Yes	Yes
N	1782	1782
Adj. R^2	0.041	0.156

二、内部控制与经营效率

我们采用总资产周转率来反映企业的经营效率，数据来源于 WIND 数据库，分析结果如图 6.6 所示。高质量内部控制组和低质量内部控制组的总资产周转率存在显著差异，其中高质量内部控制组的总资产周转率为 0.70，低质量内部控制组的总资产周转率约为 0.64，表明内部控制有助于提高企业资产的运营效率。

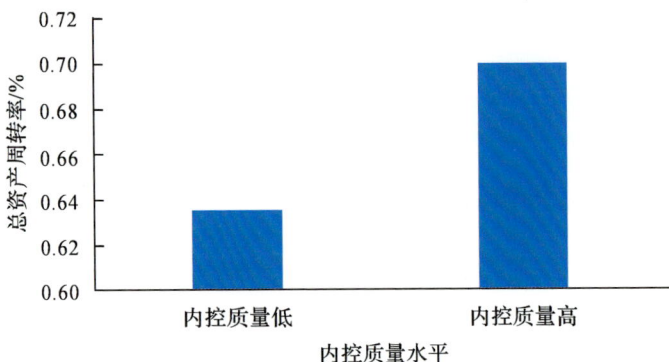

图6.6　内部控制与经营效率

　　为进一步分析企业内部控制质量与公司经营效率的关系，我们建立式（6.6）进行实证检验。其中，被解释变量 ASSET_TURNOVER 为连续变量，等于公司销售收入除以公司总资产；解释变量 D_IC 为虚拟变量，当公司当年的内控得分高于本年度浙江省上市公司均值时取值为 1，否则取值为 0。我们控制了公司相关的财务指标，包括公司规模（SIZE）、杠杆率水平（LEV）、总资产报酬率（ROA）、公司经营现金流（CFO）和公司营业收入增长率（GROWTH），也控制了公司年龄（FIRM_AGE）、董事会规模（BOARD）、董事会中独立董事占比（INDEP）、是否两职合一（DUAL）、机构投资者持股水平（INST_SHARE）、第一大股东持股比例（TOP1_SHARE）、公司是否为国有企业（SOE）。此外，式中也加入INDUS 和 YEAR，以控制行业固定效应和年份固定效应。变量计算方式见附录 1。

$$\begin{aligned} ASSET\_TURNOVER_{it} &= \beta_0 + \beta_1 D\_IC_{it} + \beta_2 SIZE_{it} + \beta_3 LEV_{it} + \beta_4 ROA_{it} + \beta_5 CFO_{it} \\ &+ \beta_6 GROWTH_{it} + \beta_7 FIRM\_AGE_{it} + \beta_8 BOARD_{it} + \beta_9 INDEP_{it} + \beta_{10} DUAL_{it} \\ &+ \beta_{11} INST\_SHARE_{it} + \beta_{12} TOP1SHARE_{it} + \beta_{13} SOE_{it} + INDUS + YEAR + \varepsilon_{it} \end{aligned} \quad (6.6)$$

　　表 6.6 展示了式（6.6）的回归结果，第一列为没有加入控制变量的结果，第二列为加入控制变量之后的回归结果。可以看到，D_IC 的系数分别在 1% 和 5% 的水平上显著为正，表明公司内部控制质量越高，公司经营效率越高，说明高质量的内部控制有助于提高公司业绩。

表6.6　内部控制与经营效率

变量	（1） ASSET_TURNOVER	（2） ASSET_TURNOVER
D_IC	0.063*** （3.38）	0.034** （2.00）
SIZE		−0.000 （−0.02）
LEV		0.730*** （11.31）
ROA		0.931*** （5.40）
CFO		0.833*** （5.22）
GROWTH		0.023** （2.54）
FIRM_AGE		0.109*** （3.31）
BOARD		0.120 （1.11）
INDEP		0.208 （0.70）
DUAL		−0.005 （−0.25）
INST_SHARE		0.152*** （3.73）
TOP1_SHARE		0.051 （0.71）
SOE		−0.084** （−2.20）
CONSTANT	0.426*** （13.73）	−0.907** （−1.98）

续表

变量	(1) ASSET_TURNOVER	(2) ASSET_TURNOVER
INDUS	Yes	Yes
YEAR	Yes	Yes
N	1782	1782
Adj. R^2	0.237	0.344

三、内部控制与投资效率

投资是企业资源配置的第一种重要方式，投资决策应该遵循"边际收益等于边际成本"，但是现实中由于资本市场的不完善等因素，企业投资往往会偏离最优投资水平，造成投资不足或者过度投资，投资效率高低直接关系企业的长远发展和公司价值。我们进一步分析内部控制与投资效率之间的关系，借鉴Richardson（2006）计算企业的投资效率［见式（6.7）］，其中 INV 为公司新增投资总额，GROWTH 为公司营业收入增长率，SIZE 为公司规模，LEV 为杠杆率水平、CASH 为现金及现金持有量，FIRM_AGE 为公司年龄。RET 表示公司股票年度回报，此外还控制了年度效应和行业效应。式（6.7）回归所得残差项绝对值衡量公司投资效率（用 INVEFF 表示），该值越小，投资效率越高。

$$\text{INV}_{it} = \beta_0 + \beta_1\text{GROWTH}_{it\text{-}1} + \beta_2\text{SIZE}_{it\text{-}1} + \beta_3\text{LEV}_{it\text{-}1} + \beta_4\text{CASH}_{it\text{-}1} + \beta_5\text{FIRM\_AGE}_{it\text{-}1}$$
$$+ \beta_6\text{RET}_{it\text{-}1} + \beta_7\text{INV}_{it\text{-}1} + \text{INDUS} + \text{YEAR} + \varepsilon_{it} \tag{6.7}$$

根据内部控制指数中位数将上市公司分为内控质量高低两组。如图 6.7 所示，高质量内部控制组公司的投资效率更高。由此可见，高水平内部控制可以提高公司投资效率。

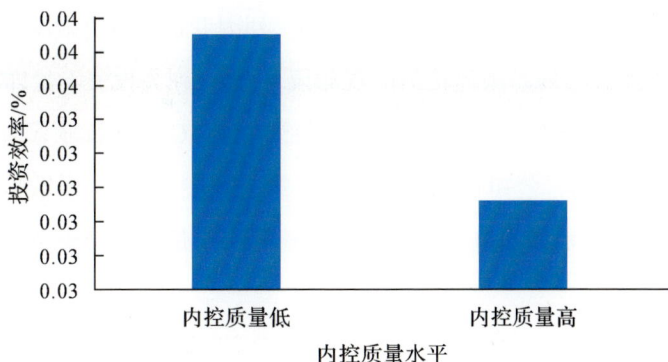

图6.7 内部控制与投资效率

为进一步分析公司内部控制质量与公司经营效率的关系，我们建立式（6.8）进行实证检验。被解释变量为公司投资效率、投资过度程度和投资不足程度，分别用 INVEFF、OVER 和 UNDER 表示，其中 INVEFF 为式（6.7）残差项的绝对值。解释变量 D_IC 为虚拟变量，当公司当年的内控得分高于本年度浙江省上市公司均值时取值为 1，否则取值为 0。我们控制了公司相关的财务指标，包括公司规模（SIZE）、杠杆率水平（LEV）、总资产报酬率（ROA）、公司经营现金流（CFO）和公司营业收入增长率（GROWTH），我们也控制了公司治理和公司特征变量如公司年龄（FIRM_AGE）、董事会规模（BOARD）、董事会中独立董事占比（INDEP）、是否两职合一（DUAL）、机构投资者持股水平（INST_SHARE）、第一大股东持股比例（TOP1_SHARE）、公司是否为国有企业（SOE）。此外，式中控制了行业固定效应和年份固定效应。变量计算方式见附录1。[①]

$$\text{INVEFF}_{it} / \text{OVER}_{it} / \text{UNDER}_{it} = \beta_0 + \beta_1 \text{D\_IC}_{it} + \beta_2 \text{SIZE}_{it} + \beta_3 \text{LEV}_{it} + \beta_4 \text{ROA}_{it}$$
$$+ \beta_5 \text{CFO}_{it} + \beta_6 \text{GROWTH}_{it} + \beta_7 \text{FIRM\_AGE}_{it} + \beta_8 \text{BOARD}_{it} + \beta_9 \text{INDEP}_{it} + \beta_{10} \text{DUAL}_{it}$$
$$+ \beta_{11} \text{INST\_SHARE}_{it} + \beta_{12} \text{TOP1SHARE}_{it} + \beta_{13} \text{SOE}_{it} + \text{INDUS} + \text{YEAR} + \varepsilon_{it}$$

（6.8）

---

① 注：由于在投资效率指标计算的过程中用到公司上一年度的变量值，有部分数值缺失，因此内部控制与投资效率回归中用到的样本数为 1349，少于其余回归中的样本数 1782。

表6.7展示了式（6.8）的回归结果，第一列因变量为投资效率，第二列为过度投资样本〔式（6.7）残差项为正值的观测值〕，第三列为投资不足样本〔式（6.7）残差项为负值的观测值〕。可以看到，第一列中 D_IC 的系数显著为负，表明公司内部控制质量越高，公司投资效率越高；第二列中 D_IC 的系数也显著为负。而第三列中 D_IC 的系数不显著，说明内部控制主要是通过减少企业的过度投资行为提高投资效率。

表6.7　内部控制与投资效率

变量	（1）INVEFF	（2）OVER	（3）UNDER
D_IC	−0.004* （−1.93）	−0.006* （−1.75）	−0.002 （−0.85）
SIZE	−0.004*** （−2.87）	−0.001 （−0.44）	−0.007*** （−3.85）
LEV	0.027*** （3.17）	0.037** （2.56）	0.013 （1.20）
ROA	0.022 （1.19）	0.012 （0.41）	0.019 （0.76）
CFO	0.035* （1.88）	0.088*** （2.96）	−0.021 （−1.06）
GROWTH	0.003 （1.07）	0.002 （0.77）	−0.000 （−0.05）
FIRM_AGE	−0.011** （−2.39）	−0.020** （−2.39）	−0.011** （−1.99）
BOARD	−0.012 （−1.21）	−0.003 （−0.20）	−0.004 （−0.31）
INDEP	−0.008 （−0.27）	0.013 （0.25）	0.002 （0.05）
DUAL	0.001 （0.31）	0.003 （0.85）	−0.002 （−0.84）
INST_SHARE	0.010* （1.71）	0.010 （0.99）	0.008 （1.17）

续表

变量	（1） INVEFF	（2） OVER	（3） UNDER
TOP1_SHARE	−0.010 （−0.98）	−0.001 （−0.08）	−0.020* （−1.96）
SOE	−0.009*** （−3.77）	−0.014*** （−3.01）	−0.004 （−1.30）
CONSTANT	0.155*** （3.53）	0.091 （1.24）	0.195*** （3.90）
INDUS	Yes	Yes	Yes
YEAR	Yes	Yes	Yes
N	1349	626	723
Adj. R^2	0.060	0.072	0.062

四、内部控制与公司ESG表现

在碳达峰、碳中和目标的指引下，越来越多的企业将 ESG 视为衡量企业可持续发展的重要指标。我们分析了内部控制对公司 ESG 的影响，其中公司 ESG 表现通过华证 ESG 指数反映，华证 ESG 评级采用行业加权平均法进行 ESG 评价，并根据得分相应地给出"AAA–C"九档评级，从上至下依次为 AAA、AA、A、BBB、BB、B、CCC、CC、C。为更好地进行数据处理，我们将评级转换为对应的数值，AAA、AA、A、BBB、BB、B、CCC、CC、C 分别对应 8、7、6、5、4、3、2、1、0。分析结果如图 6.8 所示，高质量内部控制组的公司 ESG 数值高于低质量内部控制组的公司，表明内部控制有助于企业提升公司 ESG 表现。

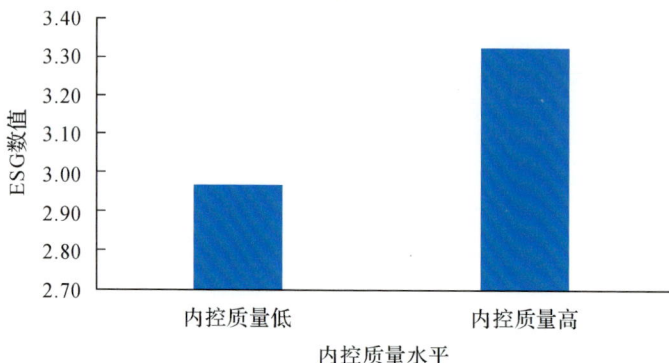

图6.8 内部控制与公司ESG表现

为进一步分析企业内部控制质量与公司 ESG 表现的关系，我们建立式（6.9）进行实证检验。其中，被解释变量 ESG 为华证 ESG 指数，取值范围为 0–8，分别对应 C–AAA 的 ESG 评级；解释变量 D_IC 为虚拟变量，当公司当年的内控得分高于本年度浙江省上市公司均值时取值为 1，否则取值为 0。控制变量包括公司规模（SIZE）、杠杆率水平（LEV）、总资产报酬率（ROA）、公司经营现金流（CFO）和公司营业收入增长率（GROWTH）、公司年龄（FIRM_AGE）、董事会规模（BOARD）、董事会中独立董事占比（INDEP）、是否两职合一（DUAL）、机构投资者持股水平（INST_SHARE）、第一大股东持股比例（TOP1_SHARE）、公司是否为国有企业（SOE）。此外，式中也加入了行业固定效应（INDUS）和年份固定效应（YEAR）。变量计算方式见附录 1。

$$ESG_{it} = \beta_0 + \beta_1 D\_IC_{it} + \beta_2 SIZE_{it} + \beta_3 LEV_{it} + \beta_4 ROA_{it} + \beta_5 CFO_{it} + \beta_6 GROWTH_{it}$$
$$+ \beta_7 FIRM\_AGE_{it} + \beta_8 BOARD_{it} + \beta_9 INDEP_{it} + \beta_{10} DUAL_{it} + \beta_{11} INST\_SHARE_{it} \quad (6.9)$$
$$+ \beta_{12} TOP1SHARE_{it} + \beta_{13} SOE_{it} + INDUS + YEAR + \varepsilon_{it}$$

表 6.8 展示了式（6.9）的回归结果，第一列为没有加入控制变量的结果，第二列为加入控制变量之后的回归结果。可以看到，D_IC 的系数均在 1% 的水平上显著为正，表明公司内部控制质量越高，公司 ESG 表现越好，说明内部控制有助于促进企业可持续发展。

表6.8　内部控制与公司ESG表现

变量	（1） ESG	（2） ESG
D_IC	0.314*** （5.66）	0.243*** （4.43）
SIZE		0.127*** （3.99）
LEV		−0.697*** （−3.33）
ROA		2.699*** （5.38）
CFO		0.169 （0.42）
GROWTH		−0.002 （−0.39）
FIRM_AGE		−0.232** （−2.13）
BOARD		0.301 （1.00）
INDEP		1.184 （1.37）
DUAL		0.117** （2.08）
INST_SHARE		−0.054 （−0.38）
TOP1_SHARE		0.458* （1.91）
SOE		0.187** （2.11）
CONSTANT	−0.297*** （−3.49）	−3.728*** （−3.19）

续表

变量	（1） ESG	（2） ESG
INDUS	Yes	Yes
YEAR	Yes	Yes
N	1782	1782
Adj. R^2	0.078	0.139

第七章

浙江上市公司内部控制对策研究

　　上市公司是支撑浙江创新驱动和产业升级的中坚力量，也是适应和引领经济发展新常态的先行军。在深入实施"凤凰行动"计划升级版、开展区域性股权市场浙江创新试点的进程中，浙江省致力于进一步发挥资本市场服务新发展格局的重要作用，以资本市场为地方实体经济的快速发展注入强劲动力。通过"雏鹰"企业成长、"雄鹰"企业壮大，实现更多企业成为"金凤凰"，推动全省成为培育战略性新兴产业和未来产业的重要策源地，成为上市公司高质量发展重要试验区。

　　截至 2022 年 8 月，共有 448 家浙江上市公司针对 2021 年度经营管理发布内部控制评价报告，占当年上市公司总数的 74%。其中，436 份内部控制评价报告经审计后获得标准无保留意见，占比超过 97%，体现出浙江上市公司的内部控制体系建设取得良好成效。整体而言，浙江上市公司立足当前，着眼长远，狠抓内控管理，内控环境进一步改进优化、内控机制进一步健全、内控制度体系进一步完善、制度执行刚性进一步增强，为浙江经济社会科学发展、健康发展、安全发展、持续发展奠定了扎实基础。

　　根据对浙江上市公司内部控制的长期跟踪与评价，本书认为，浙江上市公司内部控制效能的进一步释放，有赖于不同市场主体在时代大浪潮中互相配合、携手前行，共同促进内控工作的发展与健全。基于此，本章进一步对加强上市公司内部控制提出对策建议。

第一节　创新引领时代发展，数字经济领跑内控转型

在中国共产党的坚强领导下，浙江矢志践行初心使命，筚路蓝缕奠基立业，创造辉煌开辟未来，坚持以"八八战略"为统领，时刻牢记和践行习近平总书记对浙江"干在实处永无止境，走在前列要谋新篇，勇立潮头方显担当"的新期望[①]，奋力打造新时代全面展示中国特色社会主义制度优越性的重要窗口。

创新是引领发展的第一动力。自党的十八大以来，浙江经济适应经济发展新常态，有力推动经济、政治、社会、文化、生态协调发展，科技创新与产业提升保持同频共振。面对经济长期向好的大势，一家家浙江企业趋势而为，练就一身创新本领，做大做强两个市场；面对国内国际市场变化的复杂性与长期性，浙江政府和市场主体强化风险意识、主动作为，推动数字化改革纵深发展。腾笼换鸟、凤凰涅槃，浙江上市公司内部控制建设也应坚持创新驱动，以数字化改革为牵引，加速推动内部控制转型。

一、发挥综合优势，规范内控建设

习近平同志在浙江工作期间，在总结浙江经济社会发展经验的基础上，作出了"发挥八个方面的优势""推进八个方面的举措"的决策部署，简称"八八战略"。"八八战略"对浙江发展作出全面规划和顶层设计，为浙江高水平全面建成小康社会、推进社会主义现代化建设提供根本遵循，为浙江转型发展和长远发展奠定坚实基础，是引领浙江发展的总纲领、推进浙江各项工作的总方略。

"八八战略"虽是省域层面的战略，但具有放眼全局谋一域、把握形势谋大事的重大意义。因此，该战略也对浙江上市公司的内部控制提出更高的要求。研究团队在"十三五"期间持续跟踪浙江上市公司内部控制指数并发现，尽管该指数的均值呈现上升趋势，但指数的五个组成要素的发展并不均衡，尤其在内部环境维度存在较为明显的短板。2020年,浙江上市公司内部环境要素得分为30.61分,

---

① 袁家军.浙江:干在实处 走在前列 勇立潮头 [J]. 求是，2019（19）：48-49.

尽管较前一年度已经提升 10%，但与内部控制指数质量较高的省份相比，存在很大的提升空间。这反映出浙江企业的内部控制建设仍然不够全面，规范程度有待提升。在全面协调可持续发展的理念指引下，上市公司的内部控制建设应当进行系统的全方位的综合思考与全面部署，进一步提升内部控制的有效性。

"八八战略"对于上市公司内部控制建设的另一指导意义在于，内部控制体系的规范化建设应成为公司战略规划与布局中的重要环节，发挥综合优势予以支撑。具体而言，根据《干在实处　走在前列——推进浙江新发展的思考与实践》一书自序，"八八战略"蕴含的辩证观是善于历史地全面地辩证地思考问题，深入挖掘优势、尽快让劣势转化为优势，把先发优势变成可持续的优势。"八个方面的举措"正是针对进一步发挥、培育和转化优势提出的，努力推动经济社会发展增创新优势、再上新台阶。这意味着上市公司应当在建设内部控制体系的过程中充分把握发挥优势领域的先进示范作用，努力补齐短板与劣势，实现整体、全面的发展。

二、数智技术赋能，革新内控手段

数字时代，变革之中蕴藏无限可能。2021 年，引领改革风气之先的浙江在全国率先部署了关系全局、影响深远、制胜未来的重大集成改革——数字化改革，提出统筹运用数字化技术、数字化思维、数字化认知，从整体上推动省域经济社会发展和治理能力的质量变革、效率变革、动力变革。以数字化改革为引领，浙江省深入实施数字经济"一号工程"2.0 版，着力推进数字产业化、产业数字化、治理数字化和数据价值化，数字经济发展势强行稳，引擎动能显著增强，实现了"十四五"阶段的良好开局。

数字化改革是一场破旧立新的动态过程。面对时代发展新需求、新痛点，面对实现省域治理体系和治理能力现代化的要求，浙江借数字之力再塑治理思维，乘改革之风重振经济活力。作为国民经济发展中的重要保障与关键环节，企业内部控制工作在数字化改革的进程中迎来了革新与突破的良好机遇。《会计改革与发展"十四五"规划纲要》指出，应当积极推动会计工作数字化转型，将内控度和流程嵌入信息系统，借助信息化手段确保内部控制制度有效实施。基于此，企业需要更加注重自身内部控制的革新，逐步实现数字化、智能化转型，以更好地适应时代发展要求，提高风险防范能力，促进企业稳健发展。

数字经济环境下的内部控制系统建设使企业的风险管理模式产生了新趋势和新特点。与传统内部控制体系中断续、割裂的流程相比，在大数据、人工智能等技术应用的支撑下，企业内部控制体系呈现以数据为驱动、风险通过数据表达、数据依附流程拉动的新特点，企业连续的风险管理与内部控制流程实现自动化衔接，内部控制系统在风险管理中的应用价值得以提高。随着人工智能、区块链、云计算、大数据等新技术的不断进步，新型的风险管理模式可以多维度、智能化处理风险，更加贴合数字经济时代内部控制业务发展要求。

《2020 浙江上市公司内部控制指数报告》发现，浙江省上市公司内控五要素中信息沟通质量取得显著进步，得益于企业数字化与财务智能化发展。2020 年，浙江上市公司信息沟通要素得分为 55.39 分，较前一年度提升 7.10%，许多企业在建设内部信息系统、打通信息沟通渠道等方面取得了初步成果。运用先进技术实现内部控制体系中工具手段与业务流程的智能化转型，能够突破以人工方式进行经验式控制的传统风控的局限性，革命性地提高了上市公司的业务效率和内部安全性。为了顺利推进数智技术在内部控制流程中的应用，企业应当在风险识别、风险检测和风险评估等环节中充分发挥算力与算法优势，对企业内部控制体系进行全流程改造，从而完成运营管理、风险控制、信息披露等规划，提高内部控制体系的运营效率，构建适合企业自身的内部控制体系，提升风险管控能力。在内部控制流程优化的基础上，企业在数字经济时代的内部控制目标转变为增加企业价值，将形成基于数据分析判断的风险导向型的持续敏捷的监督模式。未来，通过结构化、协同化、智能化、实时化、可视化实现对核心业务的风险监控，能够实施大数据智能内部控制的信息化管理，进而运用信息化技术革新内部控制手段、提升企业管理水平、优化风险管理效果。

三、把握市场机遇，优化内控效益

近年来，浙江积极推进金融供给侧结构性改革，实施融资畅通工程，建设新兴金融中心，全力打好防范化解重大金融风险攻坚战，促进经济金融良性循环健康发展。为了抓住注册制等资本市场新机遇，浙江省政府于 2017 年发布实施《浙江省推进企业上市和并购重组"凤凰行动"计划》，各地市也相继出台相应的支持政策，协同推进企业股改挂牌、培育辅导，建立起高效协同工作机制。全省形成了多方联动的良好工作局面，企业上市和并购重组取得显著成效。2017—2021年，浙江省境内上市公司数量增长近 84%。可见，"凤凰行动"计划为浙江省经济转型升级发挥了重要作用，也在全国资本市场形成了重大影响力。

根据"十四五"期间浙江省资本市场发展面临的新形势、新任务和新要求，浙江省人民政府印发实施了《浙江省深入实施促进经济高质量发展"凤凰行动"计划（2021—2025 年）》。"凤凰行动"计划升级版的主要目标之一是上市公司数量实现新高度，力争 5 年新增境内外上市公司 350 家以上，到 2025 年末，力争全省境内外上市公司达到 1000 家。随着全球资产配置、人民币国际化及"一带一路"建设的发展，愈发成熟、开放的资本市场为上市公司的发展提供了更加充分的成长空间，有助于越来越多的企业争相涌现。

在着力建设健全资本市场的进程中，浙江应当对上市公司的数量与质量加以权衡管控，在把握发展速度的同时保证发展效益，而内部控制将成为有力的管理工具。为了对冲资本市场发展可能带来的风险，上市公司管理层应当完善内部控制制度的设计与执行，优化企业的内部控制效益，避免内外风险叠加带来的股价大幅波动。与此同时，要更加鼓励上市公司提升内部控制中的信息披露水平，努力向外界传递积极的信号以吸引中介机构和外部投资者的关注，提升其在资本市场中的地位，打造更具有影响力的国际品牌。

四、整合要素资源，提升内控质量

自 2017 年党的十九大首次提出"高质量发展"的表述，即中国经济由高速增长阶段转向高质量发展阶段以来,高质量发展成为新时代中国经济的鲜明特征。转向高质量发展,是中国在开放条件下推进的新一轮经济转型,将增强中国经济创新力和增长可持续性,也将为全球企业创造新机会,为世界经济注入新动力。

党的十九届六中全会指出,富有竞争力的企业是高质量发展的微观基础。响应《国务院关于进一步提高上市公司质量的意见》的号召,浙江省对各类企业与高质量发展的关系加以论述,指明新形势下企业的发展方向。浙江省"凤凰行动"计划升级版要求实现上市公司质量新提升,具体包括科技创新和产业引领能力显著增强,治理水平不断提升,防范化解风险成效显著。浙江省 2021 年度制造业高质量发展大会强调,要加快推动制造业数字化绿色化服务化转型,在高质量发展、竞争力提升、现代化先行中打造浙江制造竞争新优势,加快建设全球先进制造业基地。2022 年 4 月,浙江省委书记袁家军赴浙江省国贸集团、浙江省交通集团调研并主持召开座谈会,吹响了创新推进国有企业高质量发展的新号角。当月,浙江省人民政府颁布《关于大力培育促进"专精特新"中小企业高质量发展的若干意见》,健全完善"专精特新"中小企业梯度培育机制,引导支持中小企业专业化、精细化、特色化、创新型发展。

自 2017 年以来,我们与浙江上市公司协会和浙江省总会计师协会每年同时举办上市公司高质量发展论坛和浙江上市公司内部控制指数发布会,凸显了高质量发展与内部控制内在的紧密联系。在新时代的高质量发展要求下,资本市场予以企业更高的支持力度,这意味着浙江上市公司应当充分整合企业内外部的要素资源,提升发展质量。其中,建立健全企业内控体系是加快实现高质量发展的有力举措。内部控制作为企业内生的管理制度体系,其有效性的提高不仅依赖于管理层的水平和能力,而且需要积极主动地适应制度环境的变化。因此,浙江上市公司应当加强内控权责机制设计,压实企业管理层责任,建立数字化内控评价机制,有效发挥管理层在内控建设方面的积极作用,提升企业内控建设与风险防控能力,推动企业的高质量发展。

五、扶植小微企业，拓宽内控布局

量大面广的小微企业，是浙江经济的韧性、潜力所在，是浙江迈向共同富裕的重要力量。近年来，浙江省滚动实施"小微企业三年成长计划"，推动"个转企、小升规、规改股、股上市"市场主体转型升级链条加速运转。持续推进涉企审批减环节、减材料、减时限、减费用，降低企业市场准入门槛，深入优化营商环境。浙江省市场监督管理局发布的《2021 年浙江省小微企业成长指数报告》数据显示，2021 年浙江小微企业平稳复苏，成长指数持续走强。

基于研究团队的长期跟踪，"十三五"期间浙江拥有的上市公司数量在所有省份中始终位于第二，进入全国内控百强的上市公司数量居于前四。这表明浙江省高质量内部控制建设水平在全国处于领先地位，但上市公司内部控制质量与数量并不完全匹配，整体仍有较大提升潜力。尤其是在中小市场主体不断涌现的资本市场建设期，浙江省企业的内部控制建设布局尚存在拓展空间。2021 年，浙江省实现"小升规"的企业共有 7796 家，同比增长 184.63%。随着市场主体数量规模的不断增长，中小企业更要重视企业自身的发展，在借助政府扶持的同时，也要积极提升管理水平，确立科学完善的内控体制，重视内控工作的开展和落实。

健全的内控体制能够帮助中小企业在激烈的市场竞争中找到稳定立足点，更好地适应业务体量的增长。但是，仅仅依靠企业自身的力量往往是不够的，尤其是对于在资金、资源、人才、管理等各方面不占优势的中小企业而言。因此，政府监管部门应当针对以中小企业为代表的市场主体，增加对其在内部控制规范化建设上的引导，让内部控制体系更有成效地惠及不同类型企业的发展和成长。

第二节　持续加强指数研究，充分指导内部控制实践

指数作为一种对比性的统计指标，以相对数的形式动态反映了现象在时间、空间、总体上的相对变动或综合变动情况，简洁地表现事物变化的状况和趋势。指数是国际统计学界和经济学界的一个热门研究领域，是学术研究和实务研究的

重要工具，也是信息技术迅猛发展并赋能诸多领域的集中体现，对于新时代、新经济、新常态、新业态、双循环下的科学决策具有重要意义。

笔者研究团队在"十三五"期间针对浙江上市公司的内部控制进行持续跟踪、评价和分析，得到社会各界的广泛关注与肯定，对于改善上市公司内部控制体系具有较强的指导意义。随着浙江经济在"十四五"周期迈上新征程，团队基于上市公司内部控制指数的跟踪研究应当持续推进，努力产出更具有影响力的成果，真正发挥理论指导实践的功能，赋能浙江上市公司的高质量发展。

一、定期发布报告，组织行业交流

"十三五"期间，《浙江上市公司内部控制指数报告》已连续发布五届，成为浙江上市公司内部控制质量的"晴雨表"和"温度计"。《浙江上市公司内部控制指数报告》与以往学术研究中广泛使用的"内部控制评价之定性信息和调查问卷"等方式有所不同，它是以内部控制理论与实践发展为依据，从"过程观"视角开发的综合且定量的上市公司内部控制有效性之评价体系，有助于量化和比较不同类型上市公司内部控制质量，使利益相关者能够更准确地了解上市公司内部控制的真实情况，从而促进内部控制规范的有效实施和上市公司内控质量的整体提升。

研究团队还致力于推动研究成果服务经济高质量发展，持续为政府出台相应政策提供重要决策依据，同时每年举办上市公司高质量发展论坛暨浙江上市公司内部控制指数发布会，搭建内部控制交流平台，促进来自政府机关、监管部门、高校和企业的专家学者和业界精英进行内部控制交流、成功经验分享，探讨新形势下内控建设创新的思考，引发了《浙江日报》《证券日报》与中国网等主流媒体的报道以及业界人士的广泛关注。

内部控制的健全有效和持续完善是保障企业平稳运行的基石，是保障经济高质量增长的微观制度基础，一套好的内部控制机制能够帮助企业在多变的市场环境下保证业务的平稳运行。《浙江上市公司内部控制指数报告》的发布在浙江乃至中国资本市场都是一项创新性的活动，将对浙江上市公司及中国资本市场的健康发展产生深远影响。因此，未来应当进一步加强上市公司内部控制评价研究，并积极拓展研究内容的广度和深度，为高质量发展提供理论基础、前沿洞察和政策依据。在此基础上，进一步打造学术界、监管机构和企业界的内部控制分享、探讨和交流平台，"讲好浙江企业故事，分享浙江企业经验"，提升企业风险管理意识，形成内部控制文化，营造建立健全内部控制的优秀氛围，推动内部控制建设，为企业持续健康发展保驾护航。

二、洞悉理论机理，完善实践框架

近年来，指数研究日益广泛和深入，并取得了一系列重要进展。指数的发展与应用，也推动了内部控制实证研究的快速发展，产出了大量高质量的学术成果。指数研究在各个研究领域中都发挥着非常关键的作用，是评价系统中着力突破的核心方向之一。

现有研究证实了企业内部控制在推动企业高质量发展中扮演着重要角色。例如许多学者从媒体关注、数字化转型、董事会多元化、供应链集中度等方面展开深入分析，详细阐释了内部控制与企业高质量发展的重要关联，也证实了内部控制在企业发展中的关键地位。"十三五"期间，笔者研究团队分析浙江上市公司内部控制指数并发现，内部控制具有强化企业风险防范、助力企业持续健康发展的作用，并进一步阐释内部控制在促进高质量发展中的重要功能。进一步地，基于团队的长期跟踪，可以在内部控制理论框架与作用机制上进行更深入的研究探索，把握企业内部控制与高质量发展间更全面的内在联系，更好地用理论成果指导实践。

同时，随着企业经营外部环境的不断变化，内部控制的手段与形式也出现了许多革新，尤其是现代技术的突飞猛进对企业的内部控制体系建设产生了深刻影响。新变化必然产生新的特征，新的特征必然会影响到未来的发展，具有较高的研究价值。因此，与内部控制相关的研究也应当重视其方式手段的升级与实践应用的创新，提炼出能够适应新时代企业发展模式的内部控制标准体系。

三、推广优秀案例，发挥示范作用

本研究发现，"十三五"期间浙江省内部控制的 30 强上市公司具有显著的示范效应。内部控制指数均值在浙江省 30 强与非 30 强上市公司间的差异不断波动变化，在 2018 年差异最大。随着中美贸易摩擦升级、宏观经济景气度下降等内外部环境变化，我国上市公司多重风险在 2018 年集中释放，又在 2020 年的新冠疫情后面临更多的不确定性。险象环生的经济环境既是对上市公司的挑战，也在无形中推动了上市公司加强内部控制、重视风险管理观念的普及。

2018 年以来，浙江省内部控制 30 强上市公司与非 30 强上市公司的指数均值差异有所缩小，并在 2020 年达到"十三五"期间的最低值，这表明浙江内部控制水平处于中后部的上市公司正在加强建设，向高水平的上市公司靠近。这些发展变化反映出浙江上市公司在内部控制建设中充分学习交流的良好成效，也能够体现浙江上市公司内部控制指数产生的效益。

为了进一步发挥最佳实践的示范效应，站在学术组织与监管机构的角度，应该进一步推进浙江省或地区间企业的内部控制学习交流，积极推广优秀的实践案例，发挥先锋模范作用，促进共同学习、共同进步的良好氛围。在组织学术交流、实践研讨会议的过程中，应当鼓励先进企业，尤其是取得明显进步的企业分享其在内部控制建设进程中的经验，促进企业整体内部控制水平的共同提升。

第三节　压实企业主体责任，推进内部控制体系建设

内部控制是现代化企业管理的重要手段，是有效保障各项活动都能全面推进并且平稳有序的管理措施，是防范重大风险的重要保障，也是资本市场有效运转和企业高质量发展的基石。《会计改革与发展"十四五"规划纲要》将"推动内部控制规范建设与实施"列为"十四五"时期会计改革与发展的主要任务之一，足以彰显内部控制的重要作用。随着中国资本市场的发展，内部控制的重要性日益凸显，我国政府和监管部门非常重视内部控制，陆续发布《基本规范》等诸多

制度规范，对上市公司内部控制提出更高要求。然而，"十三五"期间的企业内部控制体系建设仍然存在待完善的问题，如内部控制执行不到位、内部控制监督与追责无力等。因此，压实企业在内部控制建设中的主体责任，不断推进内部控制体系建设，是企业在长期发展中必须关注与钻研的重要命题。

一、强化高管职责，全员参与内控

在 COSO 提出的内部控制五要素中，内部环境是企业实施内部控制的基础，起到整体定调的作用，是其他内部控制要素的根基。而根据本研究的跟踪成果，相较其他要素而言，内部环境一直以来都是浙江上市公司内部控制体系建设中明显的短板。从整体水平来看，浙江上市公司的内部环境要素质量在五要素中处于最低水平，要素得分均值直至 2020 年才再次突破 30 分；从区分度来看，内部环境也是区分浙江省内部控制 30 强与非 30 强上市公司的最关键指标，二者的均值差异在 2020 年达到 20.24 分。由此可见，良好的内部环境对于内部控制整体质量的提升具有重要意义。然而，在企业内部控制的建设中，相比于控制活动、信息与沟通等要素，内部环境往往容易被企业忽略。企业对内部控制的重视程度不足、风险管理意识或文化欠缺、公司治理薄弱、组织结构不合理等均可能导致内控质量与效果不佳。

企业应当加强对内部控制重要性的认知，建立完善、健康的内部环境，构建有利于内部控制建设的组织架构和人力政策，为内控评价体系的优化提供有力保障。首先，企业高管团队应当为企业的内部控制建设奠定良好的基调，树立重视风险的治理理念和管理风格，进而通过硬标准规定、软文化输出等方式，厚植全面内控、全程内控、全员内控的企业文化，促进全员参与推动企业内部控制建设和提升。其次，内部控制是由企业全员共同参与的，因此，企业中的每一个人都应当树立内部控制与风险防范意识，在内控工作的开展中积极参与、主动配合，进一步实现内部控制参与群体与覆盖范围的全面性，促进内控在企业中各个环节的落地实施。最后，企业要认识到内部控制评价的重要性，定期对内部控制实施的有效性进行评价与分析，及时发现内控过程中存在的问题，不断健全内控制度，提升内控在企业中的应用效果。

二、培养专业人才，完善风险评估体系

当前正处于 VUCA（volatility，易变性；uncertainty，不确定性；complexity，复杂性；ambiguity，模糊性）时代，企业所处的环境日益复杂多变，面临的风险也与日俱增。防范风险是企业高质量发展的必然要求，企业应当建立全面的风险管理体系，以保障企业行稳致远。尽管"十三五"期间，浙江上市公司风险评估得分整体上升，企业的风险意识明显增强，风险应对能力快速提升。但是，浙江仍然发生诸多企业"爆雷"或遭受重大风险事件。这也暴露出许多企业存在风险管理能力不足的问题，尤其是专业人才的缺失与风险评估体系的不健全，容易导致企业陷入经营管理中的被动局面，不利于企业的高质量发展。

为了加强风险管控能力，企业应当重视对内部控制领域专业性人才的培养，以保障企业建立健全内部控制并得以有效实施。内部控制专业人才既要充分了解业务，也要具有较强的财务分析能力，还应当掌握先进的风险管理技术与方法。因此，浙江上市公司应当注重风险管理与内部控制人才的专业性提升。

完善的风险评估体系能够帮助企业对内外部环境和经营情况进行动态监控，并能实时预警风险，及时进行风险应对。企业应建立和完善公司风险评估指标体系，并融合数字技术，提升实时采集和大数据分析能力，加强风险预警、防控机制和能力建设，协调企业发展与风险管控，为经济高质量发展的"新常态"保驾护航。

三、统筹业务需求，持续优化内控

内部控制的核心目标之一就是促进企业整体战略目标的实现。当前，众多企业的战略选择呈现出"近视化"的趋势，如科技金融、互联网教育企业的战略调整。因此，内部控制体系也需要适时调整，对其业务流程、规章制度、企业信息化系统等相关管理工作进行相应的更新和改造，更好地与企业的战略目标协同，发挥其在企业商业模式中调控管理的重要职能，保障企业整体的高质量发展。

　　财政部在《支持浙江省探索创新打造财政推动共同富裕省域范例的实施方案》中明确指出，浙江要打造"互联网+"、生命健康、新材料三大科创高地。新兴行业的战略设计与发展模式与浙江传统的制造业企业具有较大的差异，为了匹配不同类型企业的战略规划，内部控制体系的设计应当充分反映业务特点。根据内控体系建设的实际需求，企业应当抓稳财务与业务这两条内控线，加强二者之间的沟通与交流，确保企业建立起的内部控制体系既能够满足财务内控的需要，又能够满足业务管理内控的需要，从而提升内控的效率和效果。

　　任何高质量项目的一个前提条件是强调持续改进，这也是浙江上市公司内部控制高质量发展的必要过程。对"十三五"期间连续上榜浙江内部控制 30 强的上市公司进行分析，可以发现在正泰电器、物产中大等 9 家企业五年财务报告的管理层讨论与分析部分中均有提及内部控制体系的建设情况，这是内部控制持续改进提升的最好印证。西方学者研究发现，持续改进的最好方法可以用 PDCA 循环予以说明，具体包括制订计划、执行计划、检查结果和采取必需的行动四个步骤。在内部控制建设中引入 PDCA 循环方法，即建立其持续评价并改进内部控制制度的工作规范，能够确保内部控制的质量和服务符合利益相关者的期望，并在螺旋式上升的持续改进中取得预期的效果。

四、实施全面监督，体现合规要求

　　对控制的监督是指评价内部控制在一段时间内运行有效性的过程，包括及时评价控制的设计和运行，以及根据情况的变化采取必要的纠正措施，是内部控制不可缺少的一部分。由于内部控制侧重企业内部的管理，为了实现公司的整体发展战略目标，内部监督需要结合企业的外部管理体系共同打造。

　　集成式内部控制监督体系对内需要整合内部控制、合规管理、内部审计、质量管理等体系，对外则需要借助上级监督、监管机构的各种工作和社会监督，能有效对企业内控管理工作进行规范，有效防范与控制企业内部控制中风险的发生，使内控管理工作在企业内有效落实，提升企业的合规管理质量，保证企业遵循适用的法律、法规和其他行业标准。

从浙江上市公司的实际情况出发，内部监督是其内部控制体系建设的另一薄弱环节，具有较大的改进空间。自 2016 年以来，浙江上市公司内部控制的内部监督要素均值呈现下降趋势，即便 2020 年回升至 43.86，也远不及"十三五"伊始的52.03。更有甚者，浙江省上市公司的内部监督要素均值在 2017 年和 2018 年均低于全国的平均水平，完善内部监督是加强浙江上市公司内部控制的重要课题。

为强化内部控制的有效性，保障上市公司的合规性，企业必须加强对内部控制实施的监管，激励企业严格执行内部控制。首先，加强企业内部的监督和审计能够提升合规管理的质量。企业可以设立专门的监督机构，如内部审计部门、风险管理部门等，对企业各业务板块进行全面监督，及时发现活动经营中的风险问题，并对其制定出有效的风险防范措施，多维度护航企业的高质量发展。其次，加强企业的外部监督考核，健全独立的外部审计和市场监管机制，有效控制风险，促使内控制度得到全面落实，使得内控管理完全符合国家的政策要求，保障企业内控的合法合规。最后，加强对信息化的应用，积极利用先进的信息技术搭建完善的管理平台，通过信息化平台实现对企业的全面监督，有效提高信息数据的准确性和及时性，进而提升内控管理，体现合规要求。

第四节　坚持完善监管环境，有的放矢引导内控发展

自美国国会于 2002 年 7 月颁布《萨班斯－奥克斯利法案》（SOX 法案），要求上市公司对内部控制的有效性进行评估以来，监管环境对于上市公司内部控制的重视程度持续提升。2010 年前后，我国陆续发布《企业内部控制基本规范》《企业内部控制配套指引》等文件，标志着我国"以防范风险和控制舞弊为中心、以控制标准和评价标准为主体，结构合理、层次分明、衔接有序、方法科学、体系完整"的企业内部控制规范体系建设目标基本实现。

在政策精神的指导下，浙江相关部门分别对不同的市场主体提出具有针对性的内部控制规范指引，推动内部控制在各类主体中的全面建设工作，为资本市场

建设提供可靠的监管环境保障。展望未来，浙江省政府应当进一步完善上市公司监管环境，尤其是在培育新兴市场主体的进程中做好内部控制建设的引导工作，助力浙江经济高质量发展。

一、构建内控制度保障体系

我国的《企业内部控制基本规范》及配套指引发布已经有 10 余年时间，在执行阶段已经积累了大量的经验。同时，COSO 内部控制框架也于 2013 年 5 月对 1992 年 9 月发布的《内部控制整合框架》进行了修订，以适应企业外部环境的变化和监管当局的要求。因此，借鉴国际经验，积极对内控规范体系进行修订与完善，能够更好地帮助浙江上市公司适应社会经济发展新环境，尤其是数字经济、高质量发展等新要求。

在完善内部控制规范体系的同时，内部控制制度保障体系还要求增强对于企业内部控制实施的评价与惩戒机制，尤其是应当提升内部控制失效的成本，对企业的内部控制建设起到更强的警示作用。具体而言，现行的内部控制评价报告与审计报告应当进一步坚持，并对评价与审计的结果加以核实，对存在风险隐患的领域执行调查并发布风险提示，更有力地发挥内部控制的风险防范效果。在此基础上，重点调查没有发布内部控制报告或内部控制报告受到否决的企业情况，对确实存在不当行为的，依法追究其行政及刑事责任。

二、统筹协调区域内控建设

加强内部控制不仅仅是响应国家推动上市公司高质量发展政策的现实需要，更是企业控制内部风险、提升经营效率、充分利用资源、增强核心竞争力的内在要求。笔者研究团队的长期研究显示，内部控制高质量企业的地域分布在"十三五"期间已经呈现出分散化的趋势，但仍然有部分地级市的上市公司在内控质量上不尽如人意。"十三五"期间，杭州市、温州市上市公司的内部控制指数在浙江省内始终保持领先水平，而拥有较多上市公司的宁波市、绍兴市、嘉兴市在省内的内部控制指数排名中表现平平。这表明许多地区仍然存在上市公司内部控制状况两极分化较为严重的问题，距离实现整体的高质量发展尚有一定距离。

目前，我国经济社会已经由注重量的发展转入"量—质"并行的发展新阶段，一条腿走路终难行远。内部控制作为促进企业高质量发展的内部驱动器，势必将在未来发挥出更加重要的作用。因此，各地市要高度重视本地企业内部控制的建设，依托自身本土优势，充分利用各方资源，引导本地企业树立内控目标，增强风险防范意识，树立内控标杆，共争先进，实现整体内部控制的高质量均衡发展。

站在浙江省的角度，在扶持地方企业内部控制建设的同时，还应当统筹协调地区整体的内部控制建设，缩小发展不平衡的情况，促进上市公司内部控制的共同繁荣。因此，政府要协助企业充分认识到内部控制对公司可持续发展的重要意义，使其自觉将内部控制建设提升到公司战略层面，制定具有指导意义和可实施的内部控制目标，并将其与经营业绩目标、财务目标放在同一发展高度。在全省范围内，可以将杭州、温州等企业内部控制水平较高的区域作为中心，持续辐射其他区域，支持跨区域的交流指导，实行强带弱、老帮新，推动先进内部控制建设经验的跨区域流通，促进省内企业内部控制水平的共同提高。

三、引导关键行业内控发展

浙江省是我国东部经济大省，具有一批优质的上市公司，在数字安防与网络通信、智能光伏、节能与新能源汽车及零部件等特色产业中具有较强的竞争力。围绕战略性新兴产业发展需求，浙江省及时对战略性新兴产业的发展作出规划，结合自身地区特色划分成九大战略性新兴产业。根据浙江省政府印发的《关于高质量发展建设全球先进制造业基地的指导意见》，浙江力争完善"一集群一机构"治理机制，打造新一代信息技术、高端装备、现代消费与健康、绿色石化与新材料等四个世界级先进产业群，着力提升企业竞争力。

战略性新兴产业是带动工业经济增长的关键力量，代表新一轮科技革命和产业变革的方向，是培育发展新动能、获取未来竞争新优势的关键领域。作为国家重点培育产业，战略性新兴产业对浙江省形成新的竞争优势和实现跨越发展至关重要。根据《2020浙江上市公司内部控制指数报告》，超过50%的浙江内部控制 30 强上市公司为新兴产业企业，这表明在我国加快做大做强战略性新兴产业的背景下，浙江省战略性新兴产业上市公司的内部控制质量也呈现快速上升趋势。

新兴产业企业的发展离不开政策的引导。目前，浙江省战略性新兴产业企业快速发展、成就显著，但是也要警惕可能的内部控制建设不足问题。政府监管部门对战略性新兴行业的上市公司应当进行内部控制规范体系的建设引导，帮助企业树立"小步快跑"的发展理念，通过将内部控制指标纳入给予政策支持的评估体系等方式，引导企业健全内部控制制度建设，防范市场风险，提升可持续发展能力，实现整体的高质量发展。

四、激发民营经济内控活力

浙江省民营经济持续活跃，随着"凤凰行动"不断推进，民营企业利用资本市场来促进高质量发展成为必经之路。完善的内部控制是进入资本市场的基础。例如，《首次公开发行股票并上市管理办法》要求拟上市公司应当建立健全且有效执行内部控制制度。然而，我们通过跟踪研究发现，浙江民营企业的内部控制质量存在严重的两极分化。虽然在内部控制 30 强中存在较大比例的民营企业，但是数量更为庞大的民营企业内部控制较为薄弱，不利于其进入资本市场。因此，政府部门应当在"凤凰行动""雄鹰行动""雏鹰行动"等系列计划中，围绕培育目标制定内部控制政策，让培育企业切实了解到内部控制建设对企业长期健康发展的重要意义，从而引导或激励企业建立规范的内部控制体系。

参考文献

敖小波，林晚发，李晓慧，2017. 内部控制质量与债券信用评级 [J]. 审计研究（2）：57-64.

财政部，2010. 关于印发企业内部控制配套指引的通知 [EB/OL].（2010-05-05）[2010-05-05]. http://www.gov.cn/zwgk/2010-05/05/content_1599512.htm.

财政部，2017. 关于印发《小企业内部控制规范（试行）》的通知 [EB/OL].（2017-06-29）[2017-06-29]. http://kjs.mof.gov.cn/zhengcefabu/201707/t20170707_2640522.htm.

财政部，2021. 关于印发《会计改革与发展"十四五"规划纲要》的通知 [EB/OL].（2021-11-24）[2021-11-24]. http://www.gov.cn/zhengce/zhengceku/2021-11/30/content_5654912.htm.

财政部，2021. 关于印发《支持浙江省探索创新打造财政推动共同富裕省域范例的实施方案》的通知 [EB/OL].（2021-11-24）[2021-11-24]. http://www.gov.cn/zhengce/zhengceku/2021-12/01/content_5655198.htm.

财政部，工业和信息化部，2021. 关于支持"专精特新"中小企业高质量发展的通知 [EB/OL].（2021-01-23）[2021-01-23]. http://www.gov.cn/zhengce/zhengceku/2021-02/03/content_5584629.htm.

财政部，证监会，2022. 关于进一步提升上市公司财务报告内部控制有效性的通知 [EB/OL].（2022-07-29）[2022-07-29]. http://www.mof.gov.cn/gkml/caizhengwengao/wg2022/wg202205/202207/t20220729_3830967.htm.

财政部，证监会，审计署，等，2008. 关于印发《企业内部控制基本规范》的通知 [EB/OL].（2008-07-02）[2021-01-23]. http://www.gov.cn/zwgk/2008-07/02/content_1033585.htm.

曹越，孙丽，郭天枭，等，2020."国企混改"与内部控制质量：来自上市国企的经验证据 [J]. 会计研究（8）：144-158.

陈关亭，黄小琳，章甜，2013. 基于企业风险管理框架的内部控制评价模型及应用 [J]. 审计研究（6）：93-101.

陈汉文，2009. 审计理论 [M]. 北京：机械工业出版社 .

陈汉文，董望，2010. 财务报告内部控制研究述评——基于信息经济学的研究范式 [J]. 厦门大学学报：哲学社会科学版（3）：20-27.

陈汉文，李树华，林志毅，等，2001. 证券市场与会计监管 [M]. 北京：中国财政经济出版社 .

陈汉文，刘启亮，余劲松，2005. 国家、股权结构、诚信与公司治理——以宏智科技为例 [J]. 管理世界（8）：134-142.

陈汉文，杨晴贺，2021. 内部控制与汇率风险管理 [J]. 审计研究（6）：46-60.

陈汉文，张宜霞，2008. 企业内部控制的有效性及其评价方法 [J]. 审计研究（3）：48-54.

陈汉文，周中胜，2014. 内部控制质量与企业债务融资成本 [J]. 南开管理评论（3）：103-111.

陈红，纳超洪，雨田木子，等，2018. 内部控制与研发补贴绩效研究 [J]. 管理世界（12）：149-164.

陈骏，徐玉德，2015. 内部控制与企业避税行为 [J]. 审计研究（3）：100-107.

陈丽蓉，周曙光，2010. 上市公司内部控制效率实证研究——基于审计师变更视角的经验证据 [J]. 当代财经（10）：120-128.

陈晓珊，刘洪铎，2019. 内部控制质量与高管超额薪酬 [J]. 审计研究（5）：86-94.

陈作华，方红星，2019. 内部控制能扎紧董监的机会主义减持藩篱吗 [J]. 会计研究（7）：82-89.

程小可，杨程程，姚立杰，2013. 内部控制，银企关联与融资约束——来自中国上市公司的经验证据 [J]. 审计研究（5）：80–86.

池国华，郭芮佳，王会金，2019. 政府审计能促进内部控制制度的完善吗——基于中央企业控股上市公司的实证分析 [J]. 南开管理评论（1）：31–41.

池国华，杨金，邹威，2014. 高管背景特征对内部控制质量的影响研究——来自中国 A 股上市公司的经验证据 [J]. 会计研究（11）：67–74.

储成兵，2013. 金字塔股权结构对内部控制有效性的影响——基于上市公司的经验数据 [J]. 中央财经大学学报（3）：78–83.

COSO 委员会，1992. 内部控制整合框架 [Z].

COSO 委员会，2003. 企业风险管理整合框架（草案）[Z].

COSO 委员会，2004. 企业风险管理整合框架 [Z].

COSO 委员会，德勤会计师事务所，2019. 数字化时代的网络安全风险管理[EB/OL].（2019–07–25）[2019–07–25]. https://www2.deloitte.com/cn/zh/pages/innovation/events/deloitte–innovation–roadshow–cyber–risk–management–in–digital–age–bj–2019.html.

崔志娟，刘源，2013. 上市公司内部控制报告的可靠性评价——基于 2008—2010 年沪市公司年报重述的分析 [J]. 南开管理评论（1）：64–69.

丁瑞玲，王允平，2005. 从典型案例分析看企业内部控制环境建设的必要性[J]. 审计研究（5）：63–67.

董望，陈汉文，2011. 内部控制，应计质量与盈余反应 [J]. 审计研究（4）：68–78.

董望，陈俊，陈汉文，2017. 内部控制质量影响了分析师行为吗？——来自中国证券市场的经验证据 [J]. 金融研究（12）：191–206.

樊行健，宋仕杰，2011. 企业内部监督模式研究——基于风险导向和成本效益原则 [J]. 会计研究（3）：49–53.

范经华，张雅曼，刘启亮，2013. 内部控制、审计师行业专长、应计与真实盈余管理 [J]. 会计研究（4）：81–88.

方红星，2002. 内部控制审计与组织效率 [J]. 会计研究（7）：41–44.

方红星，陈作华，2015. 高质量内部控制能有效应对特质风险和系统风险吗？[J]. 会计研究（4）：70–77.

方红星，金玉娜，2011. 高质量内部控制能抑制盈余管理吗？——基于自愿性内部控制鉴证报告的经验研究 [J]. 会计研究（8）：53–60.

方红星，金玉娜，2013. 公司治理，内部控制与非效率投资：理论分析与经验证据 [J]. 会计研究（7）：63–69.

宫义飞，谢元芳，2018. 内部控制缺陷及整改对盈余持续性的影响研究——来自 A 股上市公司的经验证据 [J]. 会计研究（5）：75–82.

谷祺，张相洲，2003. 内部控制的三维系统观 [J]. 会计研究（11）：10–13.

顾奋玲，解角羊，2018. 内部控制缺陷、审计师意见与企业融资约束——基于中国 A 股主板上市公司的经验数据 [J]. 会计研究（12）：77–84.

郭泽光，敖晓波，吴秋生，2015. 内部治理，内部控制与债务契约治理——基于 A 股上市公司的经验证据 [J]. 南开管理评论（1）：45–51.

国务院，2020. 国务院关于进一步提高上市公司质量的意见 [EB/OL].（2020–10–05）[2020–10–05]. http://www.gov.cn/zhengce/content/2020–10/09/content_5549924.htm.

国资委，2019. 关于印发《关于加强中央企业内部控制体系建设与监督工作的实施意见》的通知 [EB/OL].（2019–11–14）[2019–11–14]. http://www.sasac.gov.cn/n2588025/n2588119/c12670064/content.html.

国资委，2020. 关于印发《中央企业全面风险管理指引》的通知 [EB/OL].（2006–06–20）[2006–06–20]. http://www.sasac.gov.cn/n2588035/n2588320/n2588335/c4258529/content.html.

韩洪灵，郭燕敏，陈汉文，2009. 内部控制监督要素之应用性发展——基于风险导向的理论模型及其借鉴 [J]. 会计研究（8）：73–79.

何玉，2009. 财务舞弊与内部控制、内部审计——兼评法国兴业银行职务舞弊案例 [J]. 审计研究（2）：91–96.

胡明霞，干胜道，2018. 生命周期效应、CEO 权力与内部控制质量 [J]. 会计研究（3）：64-70.

金玉娜，张志平，2014. 内部控制信息披露、融资约束与融资能力 [J]. 东北财经大学学报（6）：30-35.

李虹，田马飞，2015. 内部控制、媒介功用、法律环境与会计信息价值相关性 [J]. 会计研究（6）：64-71.

李明辉，何海，马夕奎，2003. 我国上市公司内部控制信息披露状况分析 [J]. 审计研究（1）：38-43.

李万福，陈晖丽，2012. 内部控制与企业实际税负 [J]. 金融研究（9）：195-206.

李万福，林斌，宋璐，2011. 内部控制在公司投资中的角色：效率促进还是抑制？[J]. 管理世界（2）：81-99.

李心合，2007. 内部控制：从财务报告导向到价值创造导向 [J]. 会计研究（4）：54-60.

李志斌，阮豆豆，章铁生，2020. 企业社会责任的价值创造机制：基于内部控制视角的研究 [J]. 会计研究（11）：113-124.

林钟高，丁茂恒，2017. 内部控制缺陷及其修复对企业债务融资成本的影响——基于内部控制监管制度变迁视角的实证研究 [J]. 会计研究（4）：73-80.

刘浩，许楠，时淑慧，2015. 内部控制的"双刃剑"作用——基于预算执行与预算松弛的研究 [J]. 管理世界（12）：130-145.

刘明辉，张宜霞，2002. 内部控制的经济学思考 [J]. 会计研究（8）：54-56.

刘启亮，罗乐，何威风，等，2012. 产权性质、制度环境与内部控制 [J]. 会计研究（3）：52-61.

刘焱，姚海鑫，2014. 高管权力、审计委员会专业性与内部控制缺陷 [J]. 南开管理评论（2）：4-12.

刘玉廷，王宏，2008. 美国加强政府部门内部控制建设有关情况及其启示 [J]. 会计研究（3）：3-10.

刘宗柳，陈汉文，2000. 企业内部控制：理论、实务与案例 [M]. 北京：中国财政经济出版社 .

卢锐，柳建华，许宁，2011. 内部控制，产权与高管薪酬业绩敏感性 [J]. 会计研究（10）：42–48.

逯东，付鹏，杨丹，2015. 媒体类型、媒体关注与上市公司内部控制质量 [J]. 会计研究（4）：78–85.

逯东，王运陈，王春国，等，2013. 政治关联与民营上市公司的内部控制执行 [J]. 中国工业经济（11）：96–108.

骆良彬，张白，2008. 企业信息化过程中内部控制问题研究 [J]. 会计研究（5）：69–75.

毛新述，孟杰，2013. 内部控制与诉讼风险 [J]. 管理世界（11）：155–165.

潘琰，郑仙萍，2008. 论内部控制理论之构建：关于内部控制基本假设的探讨 [J]. 会计研究（2）：63–67.

瞿旭，李明，杨丹，等，2009. 上市银行内部控制实质性漏洞披露现状研究——基于民生银行的案例分析 [J]. 会计研究（4）：38–46.

单华军，2010. 内部控制、公司违规与监管绩效改进 [J]. 中国工业经济（11）：140–148.

上海证券交易所，2006. 上海证券交易所上市公司内部控制指引 [EB/OL].（2006–06–05）[2006–06–05]. http://www.sse.com.cn/lawandrules/sserules/listing/stock/c/c_20150912_3985853.shtml.

尚兆燕，扈唤，2016. 独立董事主动辞职、内部控制重大缺陷及非标审计意见——来自中国上市公司的经验证据 [J]. 审计研究（1）：94–100.

邵春燕，王配配，周愈博，2015. 终极控制股东对企业内部控制缺陷影响的研究——基于 2009—2013 年中国制造业上市公司的经验数据 [J]. 审计研究（4）：80–87.

深圳证券交易所，2006. 深圳证券交易所上市公司内部控制指引 [EB/OL].（2006–09–28）[2006–09–28]. http://www.szse.cn/disclosure/notice/general/

t20060928_499701.html.

施先旺，2008. 内部控制理论的变迁及其启示 [J]. 审计研究（6）：79-83.

宋迪，刘长翠，杨超，2019. 内部控制质量与公司对外担保行为的相关性研究 [J]. 审计研究（1）：100-109.

孙夕龙，2021. 在新一轮科技革命和产业变革中发展战略性新兴产业 [N]. 光明日报，2021-09-27（6）.

唐大鹏，武威，王璐璐，2017. 党的巡视与内部控制关注度：理论框架与实证分析 [J]. 会计研究（3）：3-11.

田高良，齐保垒，李留闯，2010. 基于财务报告的内部控制缺陷披露影响因素研究 [J]. 南开管理评论（4）：134-141.

王爱群，阮磊，王艺霖，2015. 基于面板数据的内控质量、产权属性与公司价值研究 [J]. 会计研究（7）：63-70.

王东升，吴秋生，2015. 内部控制有效性认定辨析：环节，方式，范围 [J]. 当代财经（1）：122-128.

王海林，2008. IT 环境下企业内部控制模式探讨 [J]. 会计研究（11）：63-68.

王海林，2009. 内部控制能力评价的 IC-CMM 模型研究 [J]. 会计研究（10）：53-59.

王茂林，黄京菁，2018. 内部控制质量与企业税收策略调整 [J]. 审计研究（4）：103-110.

吴水澎，陈汉文，邵贤弟，2000a. 企业内部控制理论的发展与启示 [J]. 会计研究（5）：2-8.

吴水澎，陈汉文，邵贤弟，2000b. 论改进我国企业内部控制——由"亚细亚"失败引发的思考 [J]. 会计研究（9）：43-48.

吴炎太，林斌，孙烨，2009. 基于生命周期的信息系统内部控制风险管理研究 [J]. 审计研究（6）：87-92.

习近平，2006. 干在实处 走在前列——推进浙江新发展的思考与实践 [M]. 北京：中共中央党校出版社.

习近平，2017. 决胜全面建成小康社会 夺取新时代中国特色社会主义伟大胜利——在中国共产党第十九次全国代表大会上的报告 [M]. 北京：人民出版社.

向锐，徐玖平，杨雅婷，2017. 审计委员会主任背景特征与公司内部控制质量 [J]. 审计研究（4）：73-80.

肖华，张国清，2013. 内部控制质量，盈余持续性与公司价值 [J]. 会计研究（5）：73-80.

谢志华，2009. 内部控制：本质与结构 [J]. 会计研究（12）：70-75.

修宗峰，刘然，殷敬伟，2021. 财务舞弊、供应链集中度与企业商业信用融资 [J]. 会计研究（1）：82-99.

徐习兵，王永海，2013. 不完全契约，企业能力与内部控制 [J]. 审计研究（6）：102-107.

徐玉德，杨晓璇，刘剑民，2021. 管理层过度自信、区域制度环境与内部控制有效性 [J]. 审计研究（2）：118-128.

徐政旦，朱荣恩，徐建新，1992. 内部控制论 [M]. 沈阳：辽宁人民出版社.

许宁宁，2017. 管理层能力与内部控制——来自中国上市公司的经验证据 [J]. 审计研究（2）：80-88.

杨道广，陈汉文，2015. 内部控制、法治环境与守法企业公民 [J]. 审计研究（5）：76-83.

杨德明，林斌，王彦超，2009. 内部控制，审计质量与大股东资金占用 [J]. 审计研究（5）：74-81.

杨德明，史亚雅，2018. 内部控制质量会影响企业战略行为么？——基于互联网商业模式视角的研究 [J]. 会计研究（2）：69-75.

杨雄胜，2006. 内部控制的性质与目标：来自演化经济学的观点 [J]. 会计研究（11）：45-52.

杨旭东，2019. 内部控制对企业运营效率的影响研究——基于 A 股上市公司的经验证据 [J]. 审计研究（6）：61-69.

杨旭东，彭晨宣，姚爱琳，2018. 管理层能力、内部控制与企业可持续发展 [J].

审计研究（3）：121–128.

杨有红，陈凌云，2009. 2007 年沪市公司内部控制自我评价研究——数据分析与政策建议 [J]. 会计研究（6）：58–64.

杨有红，汪薇，2008. 2006 年沪市公司内部控制信息披露研究 [J]. 会计研究（3）：35–42.

杨玉凤，2007. 内部控制信息披露：国内外文献综述 [J]. 审计研究（4）：74–78.

叶建芳，李丹蒙，章斌颖，2012. 内部控制缺陷及其修正对盈余管理的影响 [J]. 审计研究（6）：50–59.

银保监会，2021. 中国银保监会发布《关于开展银行业保险业"内控合规管理建设年"活动的通知》[EB/OL].（2021–06–09）[2021–06–09]. https://www. thepaper.cn/newsDetail_forward_13066002.

余海宗，何娜，夏常源，2019. 保险资金持股与内部控制有效性研究 [J]. 审计研究（5）：77–85.

余海宗，吴艳玲，2015. 合约期内股权激励与内部控制有效性——基于股票期权和限制性股票的视角 [J]. 审计研究（5）：57–67.

俞俊利，金鑫，梁上坤，2018. 高管地缘关系的治理效应研究：基于内部控制质量的考察 [J]. 会计研究（6）：78–85.

袁敏，2008. 上市公司内部控制审计：问题与改进——来自 2007 年年报的证据 [J]. 审计研究（5）：90–96.

查剑秋，张秋生，庄健，2009. 战略管理下的企业内控与企业价值关系实证研究 [J]. 审计研究（1）：76–80.

张超，刘星，2015. 内部控制缺陷信息披露与企业投资效率——基于中国上市公司的经验研究 [J]. 南开管理评论（5）：136–150.

张传财，陈汉文，2017. 产品市场竞争、产权性质与内部控制质量 [J]. 会计研究（5）：77–84.

张国清，马威伟，2020. 强制性、自愿性财务报告内部控制审计提高了公司内部控制质量吗？[J]. 会计研究（7）：131–143.

张会丽，吴有红，2014. 内部控制，现金持有及经济后果 [J]. 会计研究（3）：71–78.

张继德，纪伯波，孙永波，2013. 企业内部控制有效性影响因素的实证研究 [J]. 管理世界（8）：179–180.

张继勋，何亚南，2013. 内部控制审计意见类型与个体投资者对无保留财务报表审计意见的信心 [J]. 审计研究（4）：93–100.

张立民，钱华，李敏仪，2003. 内部控制信息披露的现状与改进——来自我国 ST 上市公司的数据分析 [J]. 审计研究（5）：10–15.

张龙平，王军只，张军，2010. 内部控制鉴证对会计盈余质量的影响研究——基于沪市 A 股公司的经验证据 [J]. 审计研究（2）：83–90.

张旺峰，张兆国，杨清香，2011. 内部控制与审计定价研究——基于中国上市公司的经验证据 [J]. 审计研究（5）：65–72.

张先治，戴文涛，2011. 中国企业内部控制评价系统研究 [J]. 审计研究（1）：96–102.

张砚，杨雄胜，2007. 内部控制理论研究的回顾与展望 [J]. 审计研究（1）：37–42.

张颖，郑洪涛，2010. 我国企业内部控制有效性及其影响因素的调查与分析 [J]. 审计研究（1）：75–81.

张正勇，谢金，2016. 高管权力会影响内部控制的执行效果吗？——基于应计和真实盈余管理视角的分析 [J]. 南京财经大学学报（1）：75–83.

张志远，宋洋，王嘉炜，2019. 三方利益相关者博弈下公司内部控制质量研究 [J]. 审计研究（6）：50–60.

赵息，张西栓，2013. 内部控制，高管权力与并购绩效——来自中国证券市场的经验证据 [J]. 南开管理评论（2）：75–81.

浙江省发展改革委，2016. 浙江省国民经济和社会发展第十三个五年规划纲要 [EB/OL].（2016–02–03）[2016–02–03]. https://www.zj.gov.cn/art/2021/6/18/

art_1229540817_4666972.html.

浙江省经信厅, 2022. 关于大力培育促进"专精特新"中小企业高质量发展的若干意见 [EB/OL].（2022-04-05）[2022-04-05]. https://www.zj.gov.cn/art/2022/4/13/art_1229017139_2400863.html.

浙江省人民政府, 2017. 浙江省推进企业上市和并购重组"凤凰行动"计划 [EB/OL].（2017-09-29）[2017-09-29]. https://www.zj.gov.cn/art/2017/9/29/art_1229019364_55269.html.

浙江省人民政府, 2021. 2021 年浙江省政府工作报告 [EB/OL].（2021-02-01）[2021-02-01]. https://www.zj.gov.cn/art/2021/2/1/art_1554467_59080868.html.

浙江省人民政府, 2021. 浙江省深入实施促进经济高质量发展"凤凰行动"计划（2021-2025 年）[EB/OL]. (2021-03-03) [2021-03-03]. https://www.zj.gov.cn/art/2021/3/12/art_1229019364_2248059.html.

浙江省人民政府, 2022. 关于高质量发展建设全球先进制造业基地的指导意见 [EB/OL].（2022-08-30）[2022-08-30]. https://www.zj.gov.cn/art/2022/9/5/art_1229691722_2431846.html.

浙江省市场监督管理局, 2022. 2021 年浙江省小微企业成长指数报告 [EB/OL].（2022-05-13）[2022-05-13]. http://smeinno.chinatorch.gov.cn/cycx/dfkx/202205/d5d5384510304e15bf84994a47fbe6ee.shtml.

浙江省统计局, 2021. 2020 年浙江省国民经济和社会发展统计公报 [EB/OL].（2021-02-28）[2021-02-28]. http://tjj.zj.gov.cn/art/2021/2/28/art_1229129205_4524495.html.

证监会, 2006. 首次公开发行股票并上市管理办法 [EB/OL].（2006-05-17）[2006-05-17]. http://www.csrc.gov.cn/csrc/c101802/c1004920/content.shtml.

证监会, 2012. 上市公司行业分类指引 [EB/OL].（2012-10-26）[2012-10-26]. http://www.csrc.gov.cn/csrc/c100103/c1452025/content.shtml.

证监会, 2019. 上市公司治理准则 [EB/OL].（2019-09-30）[2019-09-30]. http://www.gov.cn/zhengce/zhengceku/2018-12/31/content_5442732.htm.

证监会，2018. 证券公司投资银行类业务内部控制指引 [EB/OL].（2018-03-23）[2018-03-23]. http://www.gov.cn/zhengce/zhengceku/2018-12/31/content_5442867.htm.

证监会，2019. 科创板首次公开发行股票注册管理办法（试行）[EB/OL].（2019-03-01）[2019-03-01]. http://www.gov.cn/zhengce/zhengceku/2019-10/17/content_5440923.htm.

证监会，2022.《上市公司章程指引（2022 年修订）》[EB/OL].（2022-01-05）[2022-01-05]. http://www.csrc.gov.cn/csrc/c101954/c1719264/content.shtml.

郑军，林钟高，彭琳，2013. 高质量的内部控制能增加商业信用融资吗？——基于货币政策变更视角的检验 [J]. 会计研究（6）：62-68.

郑莉莉，刘晨，2021. 新冠疫情冲击、内部控制质量与企业绩效 [J]. 审计研究（5）：120-128.

中共中央关于党的百年奋斗重大成就和历史经验的决议 [EB/OL].（2021-11-16）[2022-01-23]. http://www.gov.cn/zhengce/2021-11/16/content_5651269.htm.

中共中央关于制定国民经济和社会发展第十四个五年规划和二〇三五年远景目标的建议 [M]. 北京：人民出版社，2020.

中国人民银行，1997. 关于印发《加强金融机构内部控制的指导原则》的通知 [EB/OL].（1997-05-16）[1997-05-16]. http://www.pbc.gov.cn/bangongting/135485/135495/135499/2889574/index.html.

中国人民银行，2002. 商业银行内部控制指引 [EB/OL].（2002-09-18）[2002-09-18]. http://www.pbc.gov.cn/tiaofasi/144941/144957/2817325/index.html.

中国注册会计师协会，2004. 中国注册会计师协会关于印发《内部控制审核指导意见》的通知 [EB/OL].（2004-03-09）[2004-03-09]. https://www.cicpa.org.cn/ztzl1/zthf/Legal_norms/bmgz/200804/t20080428_43948.html.

周美华，方温柔，林斌，2019. 内部控制与纳税诚信 [J]. 审计研究（4）：119-128.

周美华，林斌，林东杰，2016. 管理层权力，内部控制与腐败治理 [J]. 会计研究（3）：56-63.

周泽将，胡帮国，庄涛，2020. 审计委员会海归背景与内部控制质量 [J]. 审计研究（6）：114-121.

周中胜，罗正英，周秀园，等，2017. 内部控制、企业投资与公司期权价值 [J]. 会计研究（12）：38-96.

朱荣恩，2001. 建立和完善内部控制的思考 [J]. 会计研究（1）：24-31.

朱荣恩，徐建新，1996. 现代企业内部控制制度 [M]. 北京：中国审计出版社 .

朱荣恩，应唯，袁敏，2003. 美国财务报告内部控制评价的发展及对我国的启示 [J]. 会计研究（8）：48-53.

Abbott L J, Parker S, Peters G F, et al., 2007. Corporate governance, audit quality, and the Sarbanes-Oxley Act: Evidence from internal audit outsourcing [J]. The Accounting Review, 82(4): 803-835.

Akerlof G A, 1970. The market for "Lemons" : Quality uncertainty and the market mechanism [J]. The Quarterly Journal of Economics, 84(3): 488-500.

Alchian A, Demsetz H, 1972. Information costs, and economics organization [J]. American Economic Review, 62(5): 777-795.

Altamuro J, Beatty A, 2010. How does internal control regulation affect financial reporting? [J]. Journal of Accounting and Economics, 49 (1-2): 58-74.

Altman E, 1968. Financial ratios, discriminant analysis and the prediction of corporate bankruptcy [J]. Journal of Finance, 23(4): 589-609.

Arping S, Sautner Z, 2013. Did SOX section 404 make firms less opaque? Evidence from crosslisted firms [J]. Contemporary Accounting Research, 30(3): 1133-1165.

Ashbaugh-Skaife H, Collins D W, Kinney W R, 2007. The discovery and reporting of internal control deficiencies prior to SOX-mandated audits [J]. Journal of Accounting and Economics, 44(1): 166-192.

Ashbaugh-Skaife H, Collins D W, Lafond R, 2009. The effect of SOX internal control deficiencies on firm risk and cost of equity [J]. Journal of Accounting Research, 47(1): 1-43.

Ashbaugh–Skaife H, Veenma D, Wangerin D, 2013. Internal control over financial reporting and managerial rent extraction: Evidence from the profitability of insider trading [J]. Journal of Accounting and Economics, 55(1): 91–110.

Ashbaugh–Skaife H, Collins D W, Kinney W R, 2008. The effect of SOX internal control deficiencies and their remediation on accrual quality [J]. The Accounting Review, 83(1): 217–250.

Baber W R, Krishnan J, Zhang Y, 2013. Investor perceptions of the earnings quality consequences of hiring an affiliated auditor [J]. Review of Accounting Studies, 19(1): 69–102.

Balsam S, Jiang W, Lu B, 2014. Equity incentives and internal control weaknesses [J]. Contemporary Accounting Research, 31(1): 178–201.

Balsam S, Krishnan J, Yang J, 2003. Auditor industry specialization and earnings quality [J]. Auditing: A Journal of Practice and Theory, 22(2): 71–97.

Bargeron L L, Lehn K M, Zutter C J, 2010. Sarbanes–Oxley and corporate risk-taking [J]. Journal of Accounting and Economics, 49(1–2): 34–52.

Bauer A M, Henderson D, Lynch D P, 2018. Supplier internal control quality and the duration of customer–supplier relationships [J]. The Accounting Review, 93(3): 59–82.

Bedard J C, Graham L, 2011. Detection and severity classifications of Sarbanes–Oxley section 404 internal control deficiencies [J]. The Accounting Review, 86(3): 825–855.

Berle A A, Means G C, 1932. Private Property and the Modern Corporation [M]. New York: Macmillan.

Caplan D H, Dutta S K, Liu A Z, 2018. Are material weaknesses in internal controls associated with poor M&A decisions？ Evidence from Goodwill Impairment [J]. Auditing: A Journal of Practice and Theory, 37(4): 49–74.

Chan K C, Chen Y I, Liu B H, 2021. The linear and non–linear effects of internal control and its five components on corporate innovation: Evidence from Chinese firms using the COSO framework [J]. European Accounting Review, 30(4): 733–765.

Chen G Z, Keung E C, 2018. Corporate diversification, institutional investors and internal control quality [J]. Accounting and Finance, 58(3): 751–786.

Chen H, Dong W, Han H, et al., 2017. A comprehensive and quantitative internal control index: Construction, validation, and impact [J]. Review of Quantitative Finance and Accounting, 49(2): 337–377.

Chen H, Yang D, Zhang J H, et al., 2020. Internal controls, risk management, and cash holdings [J]. Journal of Corporate Finance, 64: 1–20.

Chen J, Chan K C, Dong W, et al., 2017. Internal control and stock price crash risk: Evidence from China [J]. European Accounting Review, 26(1): 125–152.

Cheng M, Dhaliwal D, Zhang Y, 2013. Does investment efficiency improve after the disclosure of material weaknesses in internal control over financial reporting? [J]. Journal of Accounting and Economics, 56(1): 1–18.

Cheng Q, Goh B, Kim J, 2018. Internal control and operational efficiency [J]. Contemporary Accounting Research, 35(2): 1102–1139.

Cohen J, Krishnamoorth G, Wright A, 2010. Corporate governance in the post–Sarbanes–Oxley Era: Auditors' experiences [J]. Contemporary Accounting Research, 27(3): 751–786.

Costello A M, Wittenberg–Moerman R, 2011. The impact of financial reporting quality on debt contracting: Evidence from internal control weakness reports [J]. Journal of Accounting Research, 49(1): 97–136.

D' Meilo R, Gao X, Jia Y, 2017. Internal control and internal capital allocation: Evidence from internal capital markets of multi–segment firms [J]. Review of Accounting Studies, 22(1): 251–287.

Darrough M, Huang R, Zur E, 2018. Acquirer internal control weaknesses in the market for corporate control [J]. Contemporary Accounting Research, 35(1): 211–244.

Dechow P, Sloan R, Sweeney A, 1995. Detecting earnings management [J]. The

Accounting Review, 70(2): 193–225.

Doogar R, Sivadasan P, Solomon I, 2010. The regulation of public company auditing: Evidence from the transition to AS5 [J]. Journal of Accounting Research, 48(4): 795–814.

Doyle J T, Ge W, McVay S, 2007a. Accruals quality and internal control over financial reporting [J]. The Accounting Review, 82(5): 1141–1170.

Doyle J T, Ge W, McVay S, 2007b. Determinants of weaknesses in internal control over financial reporting [J]. Journal of Accounting and Economics, 44(1–2): 193–223.

Eisenhardt K M, 1989. Agency theory: An assessment and review [J]. Academy of Management Review, 14(1): 57–74.

Engel E, Hayes R M, Wang X, 2007. The Sarbanes – Oxley Act and firms' going-private decisions [J]. Journal of Accounting and Economics, 44(1): 116–145.

Fama E F, Jensen M C, 1983a. Agency problems and residual claims [J]. The Journal of Law and Economics, 26(2): 327–349.

Fama E F, Jensen M C, 1983b. Separation of ownership and control [J]. The Journal of Law and Economics, 26(2): 301–325.

Feng M, Li C, McVay S, 2009. Internal control and management guidance [J]. Journal of Accounting and Economics, 48 (2/3): 190–209.

Feng M, Li C, McVay S, et al., 2015. Does ineffective internal control over financial reporting affect a firm's operations? Evidence from firms' inventory management [J]. The Accounting Review, 90(2): 529–557.

Francis J R, Ke B, 2006. Disclosure of fees paid to auditors and the market valuation of earnings surprises [J]. Review of Accounting Studies, 11(4): 495–523.

Ge W, Li Z, Liu Q, McVay S, 2021. Internal control over financial reporting and resource extraction: Evidence from China [J]. Contemporary Accounting Research, 38(2): 1274–1309.

Goh B W, Li D, 2011. Internal controls and conditional conservatism [J]. The Accounting Review, 86(3): 975–1005.

Guo J, Huang P, Zhang Y, et al., 2016. The effect of employee treatment policies on internal control weaknesses and financial restatements [J]. The Accounting Review, 91(4): 1167–1194.

Harp N L, Barnes B G, 2018. Internal control weaknesses and acquisition performance [J]. The Accounting Review, 93(1): 235–258.

Hartman T E, 2007. The cost of being public in the era of Sarbanes–Oxley [R]. National Directors Institute.

Hogan C E, Wilkins M S, 2008. Evidence on the audit risk model: Do auditors increase audit fees in the presence of internal control deficiencies? [J]. Contemporary Accounting Research, 25 (1): 219–242.

Hoitash R, Hoitash U, Johnstone K M, 2012. Internal control material weaknesses and OWC compensation [J]. Contemporary Accounting Research, 29(3): 768–803.

Hoitash U, Hoitash R, Bedard J, 2009. Corporate governance and internal control over financial reporting: A comparison of regulatory regimes [J]. The Accounting Review, 84(3): 839–867.

Holthausen R, Verrecchia R, 1988. The effect of sequential information releases on the variance of price changes in an intertemporal multi–asset market [J]. Journal of Accounting Research, 26(1): 82–106.

Jensen M C, Meckling W, 1976. Theory of the firm: Managerial behavior, agency costs, and capital structure [J]. Journal of Financial Economics, 3(4): 305–360.

Johnstone K, Li C, Rupley K H, 2011. Changes in corporate governance associated with the revelation of internal control material weaknesses and their subsequent remediation [J]. Contemporary Accounting Research, 28(1): 331–383.

Kanagaretnam K, Lobo G J, Ma C, et al., 2016. National culture and internal control material weaknesses around the world [J]. Journal of Accounting, Auditing and Finance, 31(1): 28–50.

Kim J, Song B Y, Zhang L, 2011. Internal control weakness and bank loan contracting: Evidence from SOX section 404 disclosures [J]. The Accounting Review, 86(4):1157–1188.

Kinney J W R, Shepardson M L, 2011. Do control effectiveness disclosures require SOX 404(b) internal control audits? A natural experiment with small U.S. public companies [J]. Journal of Accounting Research, 49(2): 413–448.

Krishnan J, 2005. Audit committee quality and internal control: An empirical analysis [J]. The Accounting Review, 80(2): 649–675.

Krishnan J, Song H, 2011. The effect of auditing standard No. 5 on audit fees [J]. Auditing: A Journal of Practice and Theory, 30(4): 1–27.

Li C, Sun L L, Ettredge M, 2010. Financial executive qualifications, financial executive turnover, and adverse SOX 404 opinions [J]. Journal of Accounting and Economics, 50(1): 93–110.

Lin C, Ma Y, Xuan Y, 2011. Ownership structure and financial constraints: Evidence from a structural estimation [J]. Journal of Financial Economics, 102(2): 416–431.

Lobo G, Wang C, Yu X, et al., 2017. Material weakness in internal controls and stock price crash risk [J]. Journal of Accounting, Auditing and Finance, 35(1): 106–138.

Lu H, Richardson G, Salterio S, 2011. Direct and indirect effects of internal control weaknesses on accrual quality: Evidence from a unique Canadian regulatory setting [J]. Contemporary Accounting Research, 28(2): 675–707.

Naiker V, Sharma D S, 2009. Former audit partners on the audit committee and internal control deficiencies [J]. The Accounting Review, 84(2): 559–587.

Nancy L H, Beau G B, 2018. Internal control weaknesses and acquisition performance [J]. The Accounting Review, 93(1):235–258.

Ogneva M, Raghunandan K, Subramanyam K R, 2007. Internal control weakness and cost of equity: Evidence from sox section 404 disclosures [J]. The Accounting Review, 82(5): 1255–1297.

Patterson E R, Smith J R, 2007. The effects of Sarbanes–Oxley on auditing and internal control strength [J]. The Accounting Review, 82(2): 427–455.

Rice S C, Weber D P, 2012. How effective is internal control reporting under SOX 404? Determinants of the (Non–) disclosure of existing material weaknesses [J]. Journal of Accounting Research, 50(3): 811–843.

Richardson S, 2006. Over–investment of free cash flow [J]. Review of Accounting Studies, 11(2–3): 159–189.

Simon H A, 1957. Models of Man: Social and Rational [M]. New York: Wiley.

Williamson O E, 1975. Markets and Hierarchies: Analysis and Antitrust Implications: A Study in the Economics of Internal Organization [M]. New York: Free Press.

Zhang Y, Zhou J, Zhou N, 2007. Audit committee quality, auditor independence, and internal control weaknesses [J]. Journal of Accounting and Public Policy, 26(3): 300–327.

附　录

附录1：变量含义及计算方式

含义	变量名	计算方式
破产风险	D_Z	虚拟变量，当公司当年Z值小于1.81时取值为1，否则为0
资产减值损失	ASSET_IMPAIR	公司当年资产减值损失与净利润的比值
法律风险	PUNISH_D	虚拟变量，当本年度公司、董事、监事及高级管理人员受到司法部门、财政部、证监会、交易所等监管部门的处罚时取值为1，否则为0
	PUNISH_N	本年度公司、董事、监事及高级管理人员受到司法部门、财政部、证监会、交易所等监管部门的处罚的次数
财务舞弊	FRAUD	为虚拟变量，若公司本年度发生财务舞弊行为（虚构利润、虚列资产、虚假记载、重大遗漏、推迟披露、披露不实和一般会计处理不当）则取值为1，否则为0
盈利能力	ROE	公司净利润与股东权益的比值
投资效率	INVEFF	投资效率，参照Richardson等（2006），以模型回归所得残差项绝对值衡量公司投资效率，该值越大，投资效率越低
	OVER	投资过度程度，参照Richardson等（2006），将回归所得残差项为正值的观测确定为投资过度样本，该值越大，投资过度程度越高
	UNDER	投资不足程度，参照Richardson等（2006），将回归所得残差项为负值的观测确定为投资不足样本，该值越大，投资不足程度越高

续表

含义	变量名	计算方式
企业经营效率	ASSET_TURNOVER	销售收入除以公司总资产
公司ESG表现	ESG	取值范围为0~8，分别对应C~AAA的ESG评级
公司内部控制质量	D_IC	虚拟变量，当公司当年的内控得分高于本年度浙江省上市公司均值时取值为1，否则取值为0
新增投资总额	INV	（购建固定资产、无形资产和其他长期资产支付的现金+取得子公司及其他营业单位支付的现金净额-处置固定资产、无形资产和其他长期资产收回的现金净额-处置子公司及其他营业单位收到的现金净额-固定资产折旧-无形资产摊销-长期待摊费用摊销）/总资产
现金持有水平	CASH	公司现金与现金等价物之和与总资产的比值
公司股票年度回报	RET	考虑现金红利再投资的年个股回报率
公司规模	SIZE	公司年末总资产的自然对数
杠杆率	LEV	公司总负债与总资产的比值
总资产回报率	ROA	公司净利润与总资产的比值
经营性现金流	CFO	公司经营性现金流与总资产的比值
营业收入增长率	GROWTH	公司营业收入增长率
公司年龄	FIRM_AGE	公司年龄的自然对数
董事会规模	BOARD	董事会人数的自然对数
独立董事占比	INDEP	董事会中独立董事占比
两职合一	DUAL	当企业的董事长和总经理为同一人时取值为1，否则为0
机构投资者持股比例	INST_SHARE	机构投资者持股占公司总股数的比重

续表

含义	变量名	计算方式
第一大股东持股比例	TOP1_SHARE	第一大股东持股占公司总股数的比重
国有企业	SOE	当公司为国有企业时取值为1，否则为0
可操纵性应计	DA	参照Dechow等（1995）提出的修正琼斯模型计算，取可操纵性应计的绝对值
累计异常收益率	CAR	公司盈余宣告前一天、当天和之后一天的累计异常收益率
公司市值的自然对数	LNMV	公司年初市值的自然对数
业务复杂度	SEGMENT	公司业务部门总数的自然对数
海外销售	FOREIGN	虚拟变量，若公司有海外销售收入则取值为1，否则取值为0
经营波动性	STDSALES	过去三年公司销售收入/总资产的标准差
现金流波动性	STDCFO	过去三年公司经营性现金流/总资产的标准差
特殊处理	ST	虚拟变量，若公司当年被ST则取值为1，否则取值为0
四大	BIG4	虚拟变量，若公司是四大会计师事务所的客户则取值为1，否则取值为0
并购	M&A	虚拟变量，若公司在过去三年参与并购则取值为1，否则取值为0
存货	INVENTORY	存货成本/总资产
经营周期	OPERCYCLE	存货周转率与应收账款周转率之和取自然对数
市值账面比	MB	公司市值/资产账面价值
非预期盈余	UE	由当期每股营业利润与上年同期每股营业利润之差经窗口期第一天的开盘价格标准化后得到
贝塔值	BETA	采用市场模型计算得到

附录2："十三五"期间浙江上市公司内部控制指数报告

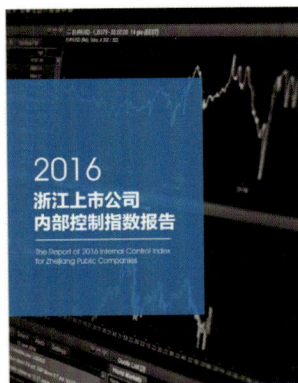

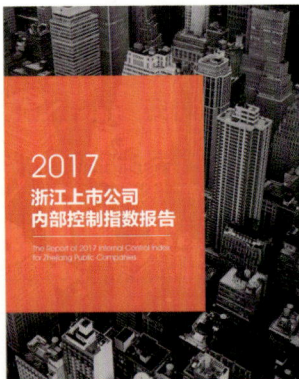

附录3：上市公司内部控制论坛暨指数发布会情况

上市公司内部控制论坛暨浙江上市公司内部控制指数（2016）发布会（会议时间2017年）

上市公司内部控制论坛暨浙江上市公司内部控制指数（2017）发布会（会议时间2018年）

上市公司内部控制指数论坛暨浙江上市公司内部控制指数（2018）发布会（会议时间2019年）

上市公司高质量发展论坛暨浙江上市公司内部控制指数（2019）发布会（会议时间2020年）

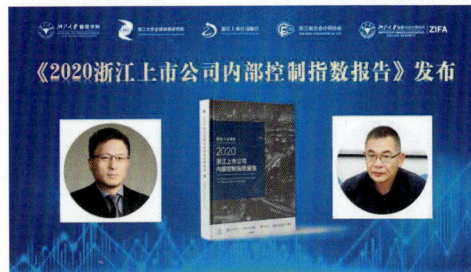

上市公司高质量发展论坛暨浙江上市公司内部控制指数（2020）发布会（会议时间2021年）

附录4：媒体与社会关注情况

媒体关注（部分）

媒体	新闻标题	发布时间	网址
中国新闻网	浙江上市公司内控30强出炉	2019-11-02	http://www.zj.chinanews.com.cn/jzkzj/2019-11-02/detail-ifzqmrxn1043830.shtml
中国新闻网	浙大发布上市公司内控30强　福莱特、公牛等新上榜	2020-11-23	https://m.chinanews.com/wap/detail/chs/zw/2470489haeasqxdf.shtml
中国网	浙江上市公司内控30强出炉	2021-12-20	http://zjnews.china.com.cn/yuanchuan/2021-12-20/318948.html
人民资讯	浙大发布浙江上市公司内控30强　物产中大、老板电器等连续五年入榜	2021-12-19	https://baijiahao.baidu.com/s?id=1719579093047302669&wfr=spider&for=pc
中国证券报·中证网	2017浙江上市公司内部控制指数报告公布	2018-10-29	https://www.cs.com.cn/cj2020/201810/t20181029_5886704.html
上海证券报中国证券网	浙江上市公司内部控制指数（2018）发布	2019-11-5	https://company.cnstock.com/company/scp_gsxw/201911/4448501.htm
证券日报网	浙大发布浙江上市公司内控30强　申通快递等成入榜新力量	2020-11-22	http://www.zqrb.cn/gscy/qiyexinxi/2020-11-22/A1606037814445.html
证券日报网	浙大发布浙江上市公司内控30强　物产中大、老板电器等连续五年入榜	2021-12-19	http://www.zqrb.cn/gscy/qiyexinxi/2021-12-19/A1639910928635.html
浙江日报	浙江上市公司内控30强出炉　内控较好的城市依次为杭绍甬	2021-12-19	https://baijiahao.baidu.com/s?id=1719560989201277901&wfr=spider&for=pc
浙江新闻	浙江上市公司内控30强出炉　内控较好的城市依次为杭绍甬	2021-12-19	https://zj.zjol.com.cn/news.html?id=1780361

续表

媒体	新闻标题	发布时间	网址
科技金融时报	堡垒往往是从内部攻破的，浙江上市公司内部控制水平如何？浙大这份报告一定要看	2017-06-29	https://mp.weixin.qq.com/s/fli8_ufr5QEBkiXKV6Uy-A
澎湃新闻	这份浙江上市公司内控"诊断报告"，有重大发现丨报告节选	2020-11-25	https://www.thepaper.cn/newsDetail_forward_10146820
新浪财经	浙江上市公司内控30强出炉　内控较好的城市依次为杭绍甬	2021-12-19	http://finance.sina.com.cn/jjxw/2021-12-19/doc-ikyakumx5118104.shtml
腾讯网	2020浙江上市公司"内控30强"、11大核心发现揭晓，各界专家学者共探内控新边界	2021-12-20	https://view.inews.qq.com/k/20211220A0ADWO00?web_channel=wap&openApp=false
浙商杂志	想要上市先过内控关，来看看浙江上市企业内控能力哪家强！	2021-12-19	https://mp.weixin.qq.com/s/IcsXpwCZRevT5FFUdKVVmQ

企业关注（部分）

企业	新闻标题	发布时间	来源
正泰电器	连续三年居榜首！正泰电器入选浙江上市公司"最佳内控奖TOP30"	2021-12-20	微信公众号：今日正泰
浙能电力	浙能电力再次荣获浙江上市公司最佳内控第2名	2021-12-20	微信公众号：浙江能源
物产中大	物产中大内控指数连续三年稳居省内前三强	2021-12-20	微信公众号：物产中大集团
英特集团	英特集团连续5年荣获浙江上市公司内部控制30强	2021-12-20	微信公众号：英特集团
新和成	新和成连续五年获浙江上市公司内控30强	2021-12-20	微信公众号：新和成

续表

企业	新闻标题	发布时间	来源
浙数文化	浙数文化连续四年获评"浙江上市公司内部控制30强"	2022-02-16	微信公众号：浙数文化
浙江东方	浙江东方再度荣登"内控30强"榜单第十名	2021-12-20	微信公众号：浙江东方金融控股集团
中国巨石	中国巨石荣获2020年度浙江上市公司最佳内控奖	2021-12-27	微信公众号：中国巨石
巨化股份	巨化股份连续5年进入浙江内控30强	2022-01-15	微信公众号：巨化股份
三花智控	三花智控连续五年进入浙江上市公司内控30强	2021-12-21	微信公众号：三花控股
浙江鼎力	强势上榜，鼎力荣登"浙江上市公司内控30强"！	2021-12-20	微信公众号：浙江鼎力
杰克股份	杰克连续4年荣获浙江上市公司内部控制30强	2021-12-19	微信公众号：杰克文化
双环传动	双环传动首次入榜浙江上市公司内控30强	2021-12-20	微信公众号：双环传动
康恩贝	TOP 30！康恩贝首度上榜浙江上市公司"内控30强"	2021-12-20	微信公众号：连线康恩贝
浙江省国际贸易集团有限公司	省国贸集团所属浙江东方、英特集团、康恩贝 联袂荣登浙江上市公司内控30强榜单	2021-12-21	微信公众号：国贸e风

附录5：浙江上市公司最佳内控奖

2020年度浙江上市公司最佳内控奖30强

股票代码	公司简称	2020 年排名	股票代码	公司简称	2020 年排名
601877	正泰电器	1	600460	士兰微	16
600023	浙能电力	2	603806	福斯特	17
600704	物产中大	3	002050	三花智控	18
000411	英特集团	4	300347	泰格医药	19
002001	新和成	5	002430	杭氧股份	20
600633	浙数文化	6	300763	锦浪科技	21
002236	大华股份	7	002508	老板电器	22
002120	韵达股份	8	300316	晶盛机电	23
601865	福莱特	9	000156	华数传媒	24
600120	浙江东方	10	600352	浙江龙盛	25
600176	中国巨石	11	603338	浙江鼎力	26
002372	伟星新材	12	603337	杰克股份	27
600160	巨化股份	13	002493	荣盛石化	28
002056	横店东磁	14	002472	双环传动	29
601018	宁波港	15	600572	康恩贝	30

2019年度浙江上市公司最佳内控奖30强

股票代码	公司简称	2019 年排名	股票代码	公司简称	2019 年排名
601877	正泰电器	1	002468	申通快递	16
600023	浙能电力	2	002056	横店东磁	17
600704	物产中大	3	300347	泰格医药	18
002001	新和成	4	600176	中国巨石	19
000411	英特集团	5	002508	老板电器	20
002236	大华股份	6	600699	均胜电子	21
002203	海亮股份	7	603195	公牛集团	22
600633	浙数文化	8	600352	浙江龙盛	23
000963	华东医药	9	600580	卧龙电驱	24
603816	顾家家居	10	300033	同花顺	25
002120	韵达股份	11	600160	巨化股份	26
000559	万向钱潮	12	601018	宁波港	27
601865	福莱特	13	002372	伟星新材	28
000156	华数传媒	14	002430	杭氧股份	29
002050	三花智控	15	603337	杰克股份	30

2018年度浙江上市公司最佳内控奖30强

股票代码	公司简称	2018 年排名	股票代码	公司简称	2018 年排名
601877	正泰电器	1	600580	卧龙电驱	16
002415	海康威视	2	002372	伟星新材	17
600704	物产中大	3	002032	苏泊尔	18
002236	大华股份	4	002050	三花智控	19
600023	浙能电力	5	600699	均胜电子	20
002203	海亮股份	6	600176	中国巨石	21
002001	新和成	7	601018	宁波港	22
000963	华东医药	8	002056	横店东磁	23
000411	英特集团	9	002563	森马服饰	24
600633	浙数文化	10	603337	杰克股份	25
603816	顾家家居	11	600160	巨化股份	26
000156	华数传媒	12	600352	浙江龙盛	27
002120	韵达股份	13	002142	宁波银行	28
000559	万向钱潮	14	603225	新凤鸣	29
002508	老板电器	15	002430	杭氧股份	30

2017年度浙江上市公司最佳内控奖30强

股票代码	公司简称	2017 年排名	股票代码	公司简称	2017 年排名
002244	滨江集团	1	300144	宋城演艺	16
002415	海康威视	2	000411	英特集团	17
601877	正泰电器	3	000559	万向钱潮	18
002236	大华股份	4	002508	老板电器	19
600704	物产中大	5	600699	均胜电子	20
002203	海亮股份	6	002032	苏泊尔	21
000963	华东医药	7	300244	迪安诊断	22
600023	浙能电力	8	002372	伟星新材	23
600633	浙数文化	9	603103	横店影视	24
600120	浙江东方	10	002563	森马服饰	25
000156	华数传媒	11	601579	会稽山	26
600580	卧龙电驱	12	002364	中恒电气	27
002001	新和成	13	600160	巨化股份	28
603816	顾家家居	14	603337	杰克股份	29
002120	韵达股份	15	002050	三花智控	30

2016年度浙江上市公司最佳内控奖30强

股票代码	公司简称	2016 年排名	股票代码	公司简称	2016 年排名
002142	宁波银行	1	002001	新和成	16
601877	正泰电器	2	600926	杭州银行	17
002244	滨江集团	3	000411	英特集团	18
002032	苏泊尔	4	000559	万向钱潮	19
002415	海康威视	5	002019	亿帆医药	20
002236	大华股份	6	002099	海翔药业	21
300266	兴源环境	7	002364	中恒电气	22
002203	海亮股份	8	002563	森马服饰	23
600704	物产中大	9	601579	会稽山	24
000963	华东医药	10	002389	南洋科技	25
300244	迪安诊断	11	002508	老板电器	26
002372	伟星新材	12	002224	三力士	27
600884	杉杉股份	13	002050	三花智控	28
300144	宋城演艺	14	002570	贝因美	29
002085	万丰奥威	15	600160	巨化股份	30